現場で
役立つ！

外国人の雇用に関するトラブル予防 Q&A

弁護士
板倉 由実・弘中 章・尾家 康介
編著

労働調査会

現場で役立つ!
外国人の雇用に関するトラブル予防Q&A
CONTENTS

第1章　イントロダクション …………………………………………… 1

1　外国人労働の実態 ……………………………………………………… 2
2　外国人労働者を活用する企業の動機・メリット ………………… 5
3　外国人労働者を受け入れる場合の問題点と課題 ………………… 8

第2章　在留資格 …………………………………………………………… 11

1　在留資格 ………………………………………………………………… 12
　Q1　在留資格とは? ………………………………………………… 12
2　就労に関する在留資格 ……………………………………………… 15
　Q2　就労可能な在留資格は? ……………………………………… 15
　Q3　在留期間をできるだけ長くする方法は? ………………… 18
　Q4　調理師として働くための在留資格とその取得要件は? ……… 20
　Q5　総合職として働くための在留資格は? …………………… 22
　Q6　外国人従業員の配置転換、在留資格上の問題は? ………… 25
　Q7　難民認定申請者が適法に働くには? ……………………… 27
　Q8　留学生のアルバイト、何か制限は? ……………………… 29
　Q9　「技術・人文知識・国際業務」の在留資格でベビーシッター、問
　　　題は? ………………………………………………………………… 31
3　技能実習制度 ………………………………………………………… 33
　Q10　技能実習制度とは? …………………………………………… 33
　Q11　技能実習生を受け入れる上での注意点は? ……………… 36
　Q12　新しい技能実習制度、変更点は? ………………………… 39
4　介護・看護職と家事労働者 ……………………………………… 42
　Q13　看護師や介護職として外国人の雇用は可能? …………… 42

i

Q14	外国人介護職の訪問介護は可能？	44
Q15	外国人家事労働者雇用の条件は？	45

5 高度人材 ……47

Q16	高度人材ポイント制とは？	47
Q17	高度外国人材の採用・受入手続は？	52

6 その他の在留資格 ……56

Q18	日本人と結婚している外国人の就労は？離婚すると？	56
Q19	外国人の配偶者・子ども・両親の雇用は可能？	59

第3章　労務管理 ……63

1 雇入れ ……64

Q20	適用法令・制度や必要な手続、外国人と日本人で違いは？	
Q21	海外在住の外国人の日本への雇入れ、手続は？	67
Q22	海外支店勤務の外国人従業員の日本への出張、手続は？	70
Q23	外国人との労働契約、適用される法律は？	73
Q24	外国人労働者への労働条件の明示、注意点は？	76
Q25	外国人の採用時、日本語の雇用契約書のみでは不十分？	79
Q26	「低賃金の外国人労働者紹介」の広告、注意点は？	85

2 社会保険の手続 ……88

Q27	社会保険、外国人と日本人で違いは？	88
Q28	外国人従業員の社会保険加入拒否、対応は？	93
Q29	退職した外国人、年金保険料の返還は可能？	96
▌Column▐	クラウドワーキングとグローバリゼーションをめぐる問題	99

3 就業規則 ……102

Q30	外国人従業員への就業規則の周知、注意点は？	102
Q31	国籍による労働条件の差は違法？	105
▌Column▐	「同一労働同一賃金原則」と日本の雇用慣行	108
▌Column▐	包括的差別禁止法とモザイク型の日本の労働法	111

CONTENTS

4　労働時間・休憩・休日・休暇 ……………………………… 113
Q32　労働時間の規制、外国人と日本人で違いは？ ……………… 113
Q33　外国人従業員の残業拒否、懲戒処分は？ ………………… 115
Q34　外国人従業員の連続した休暇取得要求、対応は？ ………… 117
Q35　業務委託契約を締結した場合の労働法の適用は？ ………… 119

5　賃金 ………………………………………………………… 122
Q36　日本への渡航費用などを給与から控除、問題は？ ………… 122
Q37　給与の一部を一律に預金、問題は？ ……………………… 125
Q38　業務委託契約の外国人の欠勤、代替手配費用の控除は可能？ … 128
Q39　技能実習生に請負契約で出来高払い、問題は？ …………… 132

6　住宅・寮 …………………………………………………… 134
Q40　外国人の賃貸物件契約をスムーズに行うには？ …………… 134
Q41　外国人従業員の寮を定期的に訪問、問題は？ ……………… 136
Q42　パスポートや在留カードを預かることに問題は？ ………… 137

7　退職・解雇 ………………………………………………… 139
Q43　契約更新せず退職扱いにすることに問題は？ ……………… 139
Q44　業績不良の外国人従業員の解雇、注意点は？ ……………… 142
Q45　業績不良の外国人従業員、PIP実施の上での解雇は有効？ … 145
▌Column▐　金銭解決制度の導入と解雇規制緩和論 ……………… 148

8　転勤・出向 ………………………………………………… 150
Q46　物価の低い外国の関連会社への出向、賃金切下げは可能？ … 150
Q47　外国人従業員の海外勤務、日本の労働法適用は？ ………… 154

9　転職・退職・解雇と在留資格 …………………………… 157
Q48　外国人の転職、日本滞在に影響は？ ……………………… 157
Q49　在留資格更新不許可、解雇は可能？ ……………………… 160
▌Column▐　雇用以外の事情の変化と在留資格（離婚等） ……… 162

10　労働災害・私傷病 ………………………………………… 163
Q50　外国人従業員に労災保険の適用は？ ……………………… 163
Q51　外国人の傷病手当金の受取りは可能？ …………………… 168

iii

11	不法就労と外国人	170

Q52　外国人の不法就労とは？ ……………………………………… 170

Q53　不法就労時の労働条件に労働法の適用は？ ……………… 174

Q54　不法就労、会社や代表者にペナルティは？ ……………… 176

第4章　マネジメント …………………………………… 179

1　コミュニケーション ……………………………………………… 180

Q55　外国人従業員とのコミュニケーション、ポイントは？ ………… 180

Q56　工場での外国人従業員の安全衛生管理、適切に行うには？ … 182

2　メンタルヘルス ………………………………………………… 184

Q57　外国人従業員の精神的な問題への対処は？ ……………… 184

3　家族の呼び寄せ ………………………………………………… 186

Q58　外国人従業員の家族を呼び寄せることは可能？ ………… 186

Q59　外国人従業員の家族の日本での生活、注意点は？ ……… 189

Q60　外国人従業員の子どもが日本の学校に通う際の注意点は？ … 191

4　多様性への配慮 ………………………………………………… 195

Q61　性同一性障がいの外国人従業員への対応は？ …………… 195

Q62　外国人従業員の同性パートナーへの扶養手当は必要？ ……… 196

Q63　同性配偶者・パートナーの在留資格は？ ………………… 197

Q64　礼拝の時間の賃金支払いの必要性は？ …………………… 198

Q65　社員食堂のメニュー、宗教に応じた対応をしないことは違法？ … 200

Q66　外国人従業員のセクシュアルハラスメント被害、対応方法は？ … 202

第5章　紛争解決 ………………………………………… 205

1　裁判外の紛争解決 ……………………………………………… 206

Q67　外国人従業員からの労働条件交渉申込み、対応は？ …………… 206

Q68　外国人従業員が加入した労働組合から団体交渉申入れ、対応は？ … 209

| | CONTENTS |

┃Column┃ 外国人の労働組合結成・加入 ……………………………… 211

Q69 外国人従業員を無理に帰国させることに問題は？ ………… 212

Q70 お金をかけない紛争解決の手段は？ ………………………… 214

Q71 外国人労働者の労働組合結成・加入・相談、解雇要件とすることは可能？ ………………………………………………… 217

2 裁判上の紛争解決 …………………………………………… 219

Q72 裁判所を使った紛争解決手段とは？ ……………………… 219

┃Column┃ 紛争解決の実際 …………………………………… 222

Q73 労働審判の申立て、対応は必要？ ………………………… 224

Q74 使用者側からの労働審判申立ては可能？ ………………… 226

Q75 外国人従業員帰国後の裁判の心配は？ …………………… 228

Q76 労働審判などの提出書類、翻訳は必要？ ………………… 230

┃Column┃ 紛争解決と在留資格 …………………………… 232

3 弁護士の活用 …………………………………………………… 233

Q77 紛争に直面、弁護士を使うメリットは？ ………………… 233

Q78 弁護士費用の目安は？ ……………………………………… 235

Q79 外国人の雇用問題に詳しい弁護士とは？ ………………… 238

┃Column┃ 多文化共生と外国人のリーガルアクセス ……………… 240

┃Column┃ グローバルサプライチェーンの中で生じる人権侵害と救済手段 … 243

巻末資料 …………………………………………………………… 247

1 役立つサイト …………………………………………………… 248
2 厚生労働省「モデル就業規則」日英対応早見表 ……………… 253

裁判例 索引 ……………………………………………………… 260
参考文献 …………………………………………………………… 261

v

凡　例

　本書では、読者の便宜を考慮し、条文・通達、裁判例や文献の引用において、漢数字等を算用数字に変え、「つ」等の促音は「っ」と小書きしています。

〈法令〉

入管法……………………………出入国管理及び難民認定法

入管法施行規則………………出入国管理及び難民認定法施行規則

技能実習法……………………外国人の技能実習の適正な実施及び技能実習生の保護に関する法律

労働者派遣法…………………労働者派遣事業の適正な運営の確保及び派遣労働者の保護等に関する法律

賃金支払確保法………………賃金の支払の確保等に関する法律

通則法…………………………法の適用に関する通則法

労災保険法……………………労働者災害補償保険法

男女雇用機会均等法…………雇用の分野における男女の均等な機会及び待遇の確保等に関する法律

育児・介護休業法……………育児休業、介護休業等育児又は家族介護を行う労働者の福祉に関する法律

パートタイム労働法…………短時間労働者の雇用管理の改善等に関する法律

有期・パートタイム労働法………短時間労働者及び有期雇用労働者の雇用管理の改善等に関する法律（2018年の働き方改革関連の法改正により、パートタイム労働法の名称を変更したもの。新法の施行は2020年4月（一部は2021年4月）から。）

労働施策総合推進法………………労働施策の総合的な推進並びに労働者の雇用の安定及び職業生活の充実等に関する法律

〈告示〉

外国人指針…………………………外国人労働者の雇用管理の改善等に関して事業主が適切に対処するための指針（平成19年8月3日厚生労働省告示第276号）

〈判決等登載誌〉

民集………最高裁判所民事判例集

労判………労働判例

判タ………判例タイムズ

第1章
イントロダクション

1　外国人労働の実態

　日本には毎月185万人前後の外国人が来日しています。その多くは、観光、商用、親族訪問等を目的とする短期滞在（在留期間90日／30日／15日以内）ですが、中長期的に日本に滞在・居住する目的で来日する外国人の数は年々増加しています。法務省の統計によると、平成29年末現在における中長期在留者数は223万2026人（特別永住者数は32万9822人。これらを合わせた在留外国人数は256万1848人）であり、前年末に比べ、17万9026人（7.5％）増加し、過去最高を記録しました[*1]。

　しかし、中長期在留者といってもすべての外国人が就労しているわけではありません。第2章で詳しく述べるとおり、日本で就労するためには就労を許可する内容の在留資格が必要となります。また就労を許可する内容の在留資格の中にも、就労内容に制限のないものと就労内容に制限のあるものとがあります。さらに、就労といっても自ら事業経営する場合と企業などに雇用される場合があります。

　厚生労働省の調査[*2]によると、平成29年10月末時点での外国人労働者数（企業に「雇用」されている労働者）は127万8670人で、前年同期比19万4901人（18.0％）の増加でした。これは、平成19年に事業所の外国人雇用者届出が義務化されて以来、過去最高の数値です。外国人労働者を雇用する事業所数は19万4595か所で、前年同期比2万1797か所（12.6％）増加し、こちらも平成19年の届出が義務化されて以来、過去最高を更新しています。国籍別では、中国が最も多く37万2263人（外国人労働者全体の29.1％）、次にベトナム24万259人（同18.8％）、フィリピン14万6798人（同11.5％）の順になってい

[*1] 法務省 入国管理局「平成29年末現在における在留外国人数について（確定値）」平成30年3月27日報道発表資料
（http://www.moj.go.jp/nyuukokukanri/kouhou/nyuukokukanri04_00073.html，平成30年8月27日最終閲覧）。

[*2] 厚生労働省「『外国人雇用状況』の届出状況まとめ（平成29年10月末現在）」
（http://www.mhlw.go.jp/stf/houdou/0000192073.html，平成30年8月27日最終閲覧）。

ます。在留資格別に見ると、「専門的・技術的分野」[*3]の労働者が23万8412人で、前年同期比3万7418人（18.6%）増加していることに加え、永住者や永住者を配偶者にもつ人など「身分に基づく在留資格」についても45万9132人で、前年同期比4万5743人（11.1%）の増加となっています。もはや外国人労働者を雇用することは当たり前となっているといっても過言ではありません。

　その背景には、経済や労働市場のグローバル化や日本の少子高齢化による労働力不足の問題があります。企業の国際競争力の高まりから、多くの企業が、ビジネスや科学技術をはじめ高度な専門知識や経験を有し、英語その他の外国語ができる人材を欲しています。また、より有利な条件で能力を発揮することができるのであれば、海外でチャレンジしたい考える人は日本人、外国人を問わず増えているように思います。一方、少子高齢化による労働人口の減少により、特に製造業や建設業、介護、サービス業の分野は慢性的な人手不足である上に、中小零細企業も多く、賃金水準が低くなりがちで、外国人労働者に頼らざるを得ないのが現状です[*4]。さらに情報通信技術の発達により、日本にある会社と雇用契約関係にあるものの、労働者は海外で在宅勤務をし、成果物はクラウドにアップし、世界中の同僚とSkypeなどのSNSを通じて会議をする、という国境を越えたリモートワーキングやクラウドワーキングという働き方も広がりつつあります。

　このように日本社会において、外国人労働者の受入れは不可欠である一方、外国人労働者の職種、雇用・就労形態、在留資格、人種や国籍、言語、文化・宗教は実にさまざまです。多様な人材がそれぞれの個性を発揮しながら、同じ職場で働くことが当たり前である多文化共生社会は、活気があり、魅力的です。しかし、留学生、技能実習生、家事・介護労働者として来日する外国

---

*3　「専門的・技術的分野」に該当する在留資格は「教授」、「芸術」、「宗教」、「報道」、「高度専門職1号・2号」、「経営・管理」、「法律・会計業務」、「医療」、「研究」、「教育」、「技術・人文知識・国際業務」、「企業内転勤」、「介護」、「興行」、「技能」をいう。

*4　外国人労働者を雇用する事業所を規模別で見ると「30人未満事業所」が最も多く、事業所全体の57.5%、外国人労働者全体の33.9%を占めている（厚生労働省「『外国人雇用状況』の届出状況【概要版】（平成29年10月末現在）」）。

人に対する人権侵害や労働搾取の被害も散見され、国際機関や海外の人権報告書などで「人身取引」と評されることもあります。外国人労働者を差別したり、立場の弱さや法律知識・日本語能力の不十分さを利用して搾取することは、労働者にとっても、企業にとっても、ひいては日本社会全体にとっても不幸なことです。

　多様なバックグラウンドを有する外国人労働者を雇用するには、労働法や在留資格に関する法律やルールを知るほか、一人ひとりの文化、言語、宗教などのアイデンティティーを尊重し、外国人という少数者としての孤立感や言葉・文化の壁に対する不安に共感しつつ、日本の法律や雇用慣行を丁寧に理解してもらう努力も必要となります。

（板倉 由実）

2　外国人労働者を活用する企業の動機・メリット

　企業が外国人労働者を活用する動機は、職種や産業により大きく2つあるように思います。1つは農水産業、製造業、建設業、介護産業などの非熟練労働を中心とする労働力不足を外国人労働者によって補充したいという動機です。農業や水産業、製造業、建設業は、国家の社会的基盤（産業やインフラ）の維持・管理に必要不可欠な産業であり、技術・技能の伝承が不可欠です。また介護や家事労働などの生活基盤に資する産業も、少子高齢化や共働き世帯の増加により、ますます需要が増加します。しかし、これらの産業は賃金水準が低く、地方都市を中心に労働力不足は深刻です。一方、東南アジア諸国を中心に失業率が高く、日本に比して賃金水準の低い国では、海外への労働力輸出を国の政策として推進している国もあります。これらの国の労働者は、日本、韓国、台湾、シンガポールなどのアジア地域内の先進国や中東諸国へ仕事を求めて移住し、多くは低賃金の非熟練労働に従事しています。しかし、労働力不足を低賃金の外国人労働者で補充したいという動機は、国家間の経済格差や貧困を背景としており、人種差別や労働搾取などの人権侵害の原因ともなり得ます。むしろ日本の社会的基盤や生活基盤を支えてくれる大切な人材として、感謝と尊敬の念をもって接することが重要です。

　もう1つの動機は、語学力を含め、高い専門知識・経験を有する「高度人材」の確保の必要性や世界における人材獲得競争の高まりです。諸外国と同様、日本は、経済・労働市場のグローバル化、通信技術の発達、外国企業や海外資本の日本市場への参入、国際取引などの増加により、優れた語学力や専門的知識・経験を有する多様かつ優秀な人材を必要としています。管理職を含め社員の多くが外国籍で社内公用語が英語である企業も増えてきました。国籍、言語、性別を問わず多様なバックグラウンドをもつ高度人材は、社会全体を活性化させ、企業のイノベーションの創出、競争力の強化に資すると期待されます。

政府も「未来投資戦略2018」（平成30年6月15日閣議決定）において、次のように述べ、「外国人材の活躍推進」を成長戦略の1つとして位置付けています。

第4次産業革命の下での国際的な人材獲得競争が激化する中、海外から高度な知識・技能を有する外国人材の積極的な受入れを図ることが重要である。特に、高度外国人材の「卵」である優秀な外国人留学生の国内就職率の向上に向け、外国人学生の呼び込みから就職に至るまで一貫した対応を行うとともに、留学生と産業界双方のニーズを踏まえた効果的なマッチングを図る。

また、中小・小規模事業者をはじめとした人手不足は深刻化しており、我が国の経済・社会基盤の持続可能性を阻害する可能性が出てきている。このため、設備投資、技術革新、働き方改革などによる生産性向上や国内人材の確保を引き続き強力に推進するとともに、従来の専門的・技術的分野における外国人材に限定せず、一定の専門性・技能を有し即戦力となる外国人材を幅広く受け入れていく仕組みを構築する必要がある。

これらの取組に併せて、自国外での就労・起業を目指す外国人材にとって我が国の生活・就労環境や入国・在留管理制度等が魅力的となるよう、政府横断的に外国人の受入れ環境の整備を進めていく。

特に「高度外国人材」について、政府は「2020年末までに10,000人」、さらに「2022年末までに20,000人の高度外国人材（高度専門職）の認定を目指す」という目標を掲げています。平成24（2012）年5月に「高度人材ポイント制」が導入されてから平成29（2017）年12月時点までに高度人材認定された外国人数は10,572人に達しており、すでに2020年末の目標を達成しています（「高度人材ポイント制」の詳細についてはＱ16参照）。また、日本経済団体連合会（経団連）の「外国人材受入促進に向けた基本的考え方」（平成28年11月21日）において、「わが国経済のみならず社会活力の維持・強化にとっても、

第1章　イントロダクション

外国人材の受け入れ促進は不可欠」であり、「経済界は、わが国が世界における人材の獲得競争に劣後する懸念や、労働力不足がボトルネックになる産業ならびに生活基盤の存立・維持に関して、強い危機意識を持っている」と指摘されています。

　以上のように外国人労働者を活用する企業の動機には、日本社会全体の労働力不足や人材獲得競争があります。しかし意欲と能力のある多様な人材を活用するためには、企業や日本社会全体が外国人労働者にとって魅力あるものでなければなりません。そのためには国、性別、文化、言語を含め労働者一人ひとりの個性や人格を尊重しつつ、日本の労働法や在留資格、社会保障制度に関する正確な知識をもって、労使交渉等を含めた労働者との真摯かつ根気強い対話や協議を行うことが必要となるでしょう。

（板倉　由実）

3 外国人労働者を受け入れる場合の問題点と課題

　外国人労働者を受け入れる場合に最も大きな問題となるのが在留資格です。外国人は「在留資格」がなければ日本に入国することができません。また、政府や企業は外国人労働者を積極的に受け入れる方針を取っていますが、外国人が日本で就労するためには「就労が許可されている」在留資格を有していることが必要です。さらに、就労許可のある在留資格を有していても、特定の職業に就労が制限されているものと就労制限のないものがあります。

　事業主が在留資格のない外国人を就労させたり資格外労働に従事させると、不法就労助長罪という刑事罰の対象となります。すなわち、①不法入国者（偽造パスポートで入国したり密入国したもの）やオーバーステイ（適法に入国したが許可された在留期間を超過して滞在しているもの）などの不法滞在者を雇用する場合、②入国管理局から働く許可を受けていないもの（短期滞在や就労許可を得ていない留学生など）を雇用する場合、③入国管理局から認められた範囲を超えて就労に従事させる場合（外国料理の料理人として「技能」の在留資格を有する外国人を建設現場や製造業などの肉体労働に従事させるなど）は、不法就労となります。

　また、外国人（「特別永住者」、「外交」、「公用」を除く）を雇用した場合や外国人が離職した場合、事業主は、ハローワークへ届出をしなくてはいけません。不法就労させたり、不法就労をあっせんした者は「不法就労助長罪」として3年以下の懲役、300万円以下の罰金の対象となります。ハローワークへの届出をしなかったり、虚偽の届出をした者は30万円以下の罰金の対象となります。在留資格や在留期間の詳細については、「第2章　在留資格」を参照してください。

　したがって、外国人を雇用する場合は、在留カードを確認し、在留資格と在留期間の確認をする必要があります。「留学」、「研修」、「家族滞在」、「文化活動」、「短期滞在」の在留資格は、就労目的で滞在している人ではないた

め、雇用することはできません。また、在留期限を過ぎている人も雇用することはできません。日本で働くすべての外国人は在留期間という期間制限の範囲で就労ができるに過ぎないのです。したがって、解雇を含め会社を離職する場合は、在留資格の前提となる就労の実態を失うことになり、在留資格そのものが取り消される可能性もあります（「永住者」、「日本人の配偶者等」、「永住者の配偶者等」、「定住者」、「特別永住者」は就労制限がありませんので、離職による在留資格の取消しはありません）。安易な解雇は外国人労働者の在留資格そのものに直接的に影響を及ぼすものですから、慎重に検討しなければなりません。

　一方、政府や企業は、優秀な外国人労働者には、在留期間を超えてさらに長く日本で働いてもらいたい、最終的には日本に永住してほしいと考えています。政府も具体策として、高度技術を有する外国人研究者・技術者や経営者・投資家などに対して「永住権」を優先的に付与するための制度である「日本版高度外国人材グリーンカード」の創設や永住許可に必要な在留歴に係る要件の緩和、外国人留学生の受入拡大と就職支援の強化、外国人材に対する相続税課税の見直しなどを検討し始めています。

　しかし、政府や企業側の対応は、外国人労働者の受入れを促進することに重点が置かれ、外国人労働者が会社や社会で法的トラブルや人権侵害に巻き込まれた場合の法的救済手段については十分な対応がなされていません。外国人労働者の中には日本語に堪能な人もいますが、多くは日本語以外の言語を母国語としています。労働契約書や就業規則が日本語で記載されているため内容が理解できなかったり、不利益な労働条件が記載されていても気がつかず、トラブルになる場合も少なくありません。外国語で対応できる弁護士も増え、日本司法支援センター（法テラス）は多言語による情報提供サービスを始めています。しかし、裁判所は日本語で書類を提出しなければならず、外国人にとっては使い勝手が悪いといわざるを得ません。また、筆者の事務所にも、外国人労働者から職場でハラスメントや差別を受けたという労働相談が多く寄せられます。外国人ということで疎外感を感じている人も多く、文化や言葉の違いによるミスコミュニケーションがもとで、感情的対立に発

展する不幸な事案も少なくありません。

　同じ職場に異なる国の人々が机を並べて一緒に仕事をする光景が当たり前の社会となる日はそう遠くありません。多文化共生社会の中でよりよい職場環境を作っていくためには、多言語で相談できる窓口や相談員の配置、多言語による労働法や社会保障制度に関するセミナーの実施など、企業内のみならず社会全体で整備していく必要があるように思います。

（板倉 由実）

第2章

在留資格

1 在留資格

 在留資格とは？

在留資格とは何ですか。在留資格にはどのようなものがありますか。

 在留資格は外国人が日本で適法に滞在するための法的な地位。

◇ ビザ（査証）と在留資格は異なる！

「就労ビザ」、「ビザが切れる」といった言葉をよく耳にします。一般的には「ビザ」という言葉が「在留資格」の意味で使われているのですが、「ビザ（査証）」と「在留資格」は異なります。

ビザ（査証）とは、日本入国のための条件として事前に在外日本公館において発給され、パスポート（旅券）に貼付される証書で、外国人の所持するパスポート（旅券）が有効なものであることを確認するとともに、ビザ（査証）に記載されている条件でその外国人を我が国に入国させても問題はないという推薦の性質をもつものです。つまり、ビザ（査証）は入国を円滑に行うためのお墨付きのようなものであり、外国人が我が国に入国する際に使うものであるため、入国後は使いません。

一方、在留資格とは、外国人が日本に適法に滞在するための法的な地位のことを指し、その外国人が日本で行うことのできる活動の内容や、日本人の配偶者であるといった身分・地位によって種類が分かれています。そして、外国人が我が国に在留中に行うことができる活動の範囲は、在留資格に対応してそれぞれ定められているため、外国人は原則として、その在留資格に属する活動の下で許容されている活動以外の活動を行うことはできません。つ

まり、外国人は原則として在留資格がないと我が国に適法に在留することができず、有している在留資格によって我が国において認められる活動内容が決められているのです。

したがって、外国人が自分の有している在留資格とは別の在留資格に該当する活動を行おうとする場合には、在留資格の変更手続を行う必要があります。また、在留資格とともに決定された在留期間を超えて我が国に在留したい場合には、在留期間の更新手続を行う必要があります。

なお、外国人がどのような在留資格を有しているかは、パスポート（旅券）に貼付されたシールやスタンプ、在留カード（ただし、在留資格を有していたとしても在留カードが交付されない場合があります。次頁〈補足〉参照）を見ることで確認することができます。

◇ 在留資格の種類

在留資格は、①外国人が我が国で行う活動に着目して分類された在留資格（入管法別表第1の上欄の在留資格）と、②外国人の身分や地位に着目して分類された在留資格（同法別表第2の上欄の在留資格）に分けることができます。

我が国は、専門的な技術、技能や知識を有する外国人が就労するために在留することは認めるものの、単純労働をするための在留を原則として認めないことにしているため、①の在留資格には、就労活動ができるものと原則として就労活動ができないものがあります。これに対し、②の在留資格は、活動内容に制限がないため、就労活動に従事することができます（Q2参照）。

具体的な在留資格の種類は**図表**のとおりです。入管法別表第1及び第2には在留資格のほか、「本邦において行うことができる活動」等が定められています。また、入管法施行規則には在留資格ごとに在留できる期間（「在留期間」）が定められています。

■図表　在留資格の種類

①の在留資格	「外交」「公用」「教授」「芸術」「宗教」「報道」「高度専門職」「経営・管理」「法律・会計業務」「医療」「研究」「教育」「技術・人文知識・国際業務」「企業内転勤」「介護」「興行」「技能」「技能実習」「文化活動」「短期滞在」「留学」「研修」「家族滞在」「特定活動」
②の在留資格	「永住者」「日本人の配偶者等」「永住者の配偶者等」「定住者」

〈補足〉在留カード

　在留カードとは、我が国に中長期間在留する外国人に交付されるもので、顔写真が貼付してあり（16歳以上）、氏名、生年月日、性別、国籍・地域、住居地、在留資格、在留期間、就労の可否などが記載されているカードです。外国人が適法に在留する者であることを証明する「証明書」としての性格を有しています。

　ただし、以下に該当する場合には、在留カードは交付されません。

　　・3月以下の在留期間が決定された人

　　・短期滞在の在留資格が決定された人

　　・外交または公用の在留資格が決定された人

　　・特別永住者

　　・在留資格を有しない人　　等

（尾家　康介）

2 就労に関する在留資格

Q2 就労可能な在留資格は？

在留資格があれば、外国人が日本で働くことはできますか。その外国人が、就労可能な在留資格をもっているかどうかは、どのように確認することができますか。

 在留カードによる確認が必要。

◇ 在留資格ごとに許される就労活動の範囲は異なる

　外国人に認められる在留資格には、入管法の別表第1及び別表第2にそれぞれ定められた種類のものがあります。そのうち、別表第2に属する在留資格、例えば「永住者」や「日本人の配偶者等」などは、その活動範囲に制限がないため、自由に働くことができます。

　これに対して、別表第1に属する類型の在留資格は、そもそも外国人が日本で行おうとする活動に着目して認められる在留資格であることから、その活動の範囲に制限があります。すなわち、別表第1の3の表及び4の表に属する在留資格、例えば「短期滞在」や「留学」、「家族滞在」などは、そもそも仕事をすることを前提とする在留資格ではないため、仕事をすることは原則禁止されていますし（入管法19条1項2号）、別表第1の1の表、2の表及び5の表に属する在留資格、例えば「技術・人文知識・国際業務」なども、それぞれの在留資格に応じた活動に属しない仕事をすることは原則禁止されています（同法19条1項1号）。したがって、「技術・人文知識・国際業務」の在留資格は就労可能な在留資格ですが、例えば法律・会計業務に該当する就労活動をすることはできません。

15

◇ 資格外活動許可を得られる場合も

　これらの就労活動の制限には例外が認められていて、法務大臣による資格外活動許可を得れば、付された条件の下で、その有する在留資格の範囲外の仕事をしてもよいことになっています（入管法19条2項）。

　資格外活動許可を得るためには、①その外国人が有する在留資格による活動を阻害しない範囲内で、②相当と認められること、が要件とされています。そのため、資格外活動には、1週間に28時間以内などの制限があります（同法施行規則19条5項）。

　また、特別な専門的知識や技術を伴わない単純労働は、日本の入管政策に抵触するものとして相当性が認められないのが原則です。ただし、「留学」や「家族滞在」、就職活動のための「特定活動」などの在留資格については、単純労働のアルバイトも例外的に許可される実務上の運用となっています。

◇ 在留カードによる確認をする必要がある

　在留カードの表面には、「就労制限の有無」という欄があります。この欄を見れば、「就労制限なし」、「就労不可」等の記載により、就労制限の有無を確認することができます。また、「就労制限の有無」欄に就労不可との記載がある場合でも、在留カードの裏面の「資格外活動許可欄」に「許可（原則28時間以内・風俗営業等の従事を除く）」または「許可（資格外活動許可書に記載された範囲内の活動）」の記載がある場合には、一定の条件の下で就労することができます。

　もし、雇用したい外国人がその仕事にふさわしい在留資格を有していない場合には、在留資格の変更が可能か、検討する必要があります。

◇ 不法就労させてしまった場合には

　そもそも就労許可を受けていない外国人、例えば観光目的で「短期滞在」の在留資格で入国している人や資格外活動許可を受けていない留学生を働かせてしまった場合のほか、就労可能な在留資格を有している外国人でも、例

えばコックとして働くことを認められた人を機械工場で単純労働者として働かせるなど、その在留資格で認められている範囲を超えて働かせてしまったような場合には、不法就労をさせたことになってしまいます。

　不法就労があると、不法就労をした外国人だけでなく、その事業主も処罰の対象となるので注意が必要です。すなわち、不法就労させた場合、不法就労助長罪に該当し、3年以下の懲役や300万円以下の罰金が科せられるおそれがあります。事業主が外国人の場合には、事業主自身が退去強制の対象となってしまいます。

　その外国人が不法就労者であることを知らなかったとしても、在留カードを確認していない場合は過失があったことになり、処罰を免れることはできません。

　このような重大な結果が生じるおそれがありますから、どのような在留資格があればどんな仕事をすることができるのかを知っておくこと、そして、在留カードによって実際に就労可能かを確認することがとても重要です。

文　献
1）外国人ローヤリングネットワーク 編『外国人事件ビギナーズ』現代人文社、2013年、50−54頁。
2）児玉晃一・関聡介・難波満『コンメンタール 出入国管理及び難民認定法 2012』現代人文社、2012年、147−148頁、569−573頁。
3）山脇康嗣『〔新版〕詳説 入管法の実務−入管法令・内部審査基準・実務運用・裁判例−』新日本法規出版、2017年、157−178頁。

（金 秀玄）

Q3 在留期間をできるだけ長くする方法は？

今度採用する予定の外国人には、できるだけ長く働いてもらいたいと考えているのですが、今もっている在留資格の在留期間は1年しかありません。この期間は延ばしてもらうことはできるのでしょうか。できるだけ長期の在留期間をもらうためには、どのようなことに留意したらよいでしょうか。

 在留の実績を積み上げていくことが重要。

◇ 在留資格ごとに在留期間が異なる

在留資格を有する外国人が日本に在留することのできる期間は、各在留資格について、法務省令で定められることになっており（入管法2条の2第3項）、これを受けて入管法施行規則3条及び同別表第2が各在留資格に認められる在留期間を定めています。

例えば、「技術・人文知識・国際業務」の在留資格については、在留期間が「5年、3年、1年又は3月」と定められていますので、それぞれのケースに応じて、このうちのいずれかの在留期間が指定されることになります。

在留期間については、日本における活動の目的を達成するために必要な期間を考慮して定められているという理解や、その外国人の在留状況、在留資格該当性の有無を定期的に審査する機会を確保するために定められているという理解があります。いずれにしても、法務大臣は在留期間をどのように定めるかについて一定程度の裁量権を有しており、外国人の在留状況その他の事情を勘案して、上記のとおり法律で定められた期間の範囲内で、在留期間を伸長したり短縮したりすることができると考えられています。一般に、最初から3年や5年の在留期間を付与されることは多くはなく、在留資格の更新の際に、その間の在留状況を勘案して、より長期の在留期間が付与されて

いくことになります。

　したがって、在留期間をできるだけ長期のものとするためには、違法行為を行うようなことがないのはもちろんのこと、雇用契約の上でも更新を繰り返すことでその後の更新可能性を高めること、職場でより高い地位に就くこと、収入を高めて安定した生活を送れるようにすることなど、在留の実績を積み上げていくことが重要と考えられます。

◇ 永住許可

　そして、各在留資格に認められている最長の在留期間をもらえた場合、例えば、前述の「技術・人文知識・国際業務」の在留資格で5年の在留期間をもらえた場合には、在留期間に制限のない「永住者」の在留資格に変更できる可能性が出てきます（入管法22条、法務省 入国管理局「永住許可に関するガイドライン」)。

　「永住者」の在留資格は、在留期間の制限がないため、在留期間の更新をする必要もなく、最も身分の安定した在留資格ということができます。

　永住許可を得るための要件としては、原則として引き続き10年以上日本に在留していること、この期間のうち、就労資格または居住資格をもって引き続き5年以上在留していることが必要とされていますが、この原則に対する特例もあります。

文　献
1）外国人ローヤリングネットワーク 編『外国人事件ビギナーズ』現代人文社、2013年、67－80頁、85－87頁。
2）児玉晃一・関聡介・難波満『コンメンタール 出入国管理及び難民認定法 2012』現代人文社、2012年、210－221頁。
3）山脇康嗣『〔新版〕詳説 入管法の実務－入管法令・内部審査基準・実務運用・裁判例－』新日本法規出版、2017年、118頁。

（金 秀玄）

> **Q4** 調理師として働くための在留資格とその取得要件は？
>
> 中華料理店で調理の仕事をしてくれる中国人を雇用したいと考えています。どのような在留資格を取得してもらう必要がありますか。その在留資格を取得するための要件にはどのようなものがありますか。

 「技能」の在留資格が考えられる。取得には実務経験などが必要。

◇「技能」の在留資格

料理店などで外国人の調理師を雇用する場合には、「技能」の在留資格を有する外国人を雇用することが考えられます。

「技能」の在留資格は、「本邦の公私の機関との契約に基づいて行う産業上の特殊な分野に属する熟練した技能を要する業務に従事する活動」を行うための在留資格で（入管法別表第1の2）、具体的には、外国料理の調理、外国で考案された工法による住宅の建築、宝石・貴金属・毛皮の加工、動物の調教、外国に特有のガラス製品・絨毯等の制作または修理、定期便の航空機の操縦、スポーツの指導、ワインの鑑定等の熟練した技能を有する業務がこれにあたります。

◇ 調理師として働く際の「技能」の在留資格の取得要件

中華料理店で働く調理師として「技能」の在留資格を取得するには、その外国人が、料理の調理または食品の製造に係る技能で外国において考案され日本において特殊なものを要する業務に従事する者で、当該技能について10年以上の実務経験を有していることが必要です。この10年の実務経験には、外国の教育機関においてその料理の調理または食品の製造に係る科目を専攻した期間が含まれます。中国人であれば、住民登録に相当する「戸口簿」と呼ばれるものや、旅券・職業資格証明書などの記載で、10年以上の実務経験

があることを証明します。調理師として雇用するなら誰でもよいということではないのです。

また、雇用する料理店としても、メニューの内容、コース料理の有無、店舗の外観・機能などの要素に基づいて、本格的な外国料理が提供されることが予定されていなければなりません。中華料理店でいえば、例えば、餃子やラーメンといった単純なメニューだけで熟練した技能が必要とは評価されない一方、特別な北京ダックの焼き方で料理を提供する店であれば、熟練した技能を要すると評価されやすいでしょう。

以上のほかに、日本人が従事する場合に受ける報酬と同等額以上の報酬を受けることも必要とされていますから、雇用契約書等の労働条件を明示する文書にその旨を明らかにし、実際にその額を支給することが求められます。

これらの要件を満たすことを証明するために入国管理局へ提出することが求められている提出資料については、会社の規模等によって異なっていて、入国管理局のウェブサイトから確認することができます。

このように、ただ中華料理店で調理師として雇うというだけでは、「技能」の在留資格を得られないことがありますから、求められている要件を踏まえて検討し、申請をする必要があります。

文　献
1）　外国人ローヤリングネットワーク 編『外国人事件ビギナーズ』現代人文社、2013年、74−78頁、98−101頁。
2）　山脇康嗣『〔新版〕詳説 入管法の実務−入管法令・内部審査基準・実務運用・裁判例−』新日本法規出版、2017年、350−369頁。

（金 秀玄）

Q_5 総合職として働くための在留資格は？

日本の大学を卒業する留学生を「総合職」で採用しようと考えています。どの在留資格に変更してもらう必要がありますか。

A 「技術・人文知識・国際業務」の在留資格への変更が必要。

留学生を総合職として採用する場合には、「技術・人文知識・国際業務」の在留資格に変更申請をして、変更許可が得られることを条件に採用することになります。

◇「技術・人文知識・国際業務」の在留資格とその取得要件

「技術・人文知識・国際業務」の在留資格は、文字どおり３つのカテゴリーに分かれていますが、総合職はこのうちの「人文知識」のカテゴリーに該当します。したがって、留学生を採用する場合には、その留学生が「人文知識」の要件に該当するかどうかをあらかじめ検討する必要があります。

「人文知識」とは、「本邦の公私の機関との契約に基づいて行う……法律学、経済学、社会学その他の人文科学の分野に属する技術若しくは知識を要する業務……に従事する活動」と定められており（入管法別表第１の２）、具体的には、経理、金融、総合職、会計、コンサルタント等の、学術上の素養を背景とする一定水準以上の専門的知識を必要とする文化系の活動をいいます。

その要件としては、学歴を基準とする要件または実務経験を基準とする要件があり、かつ日本人が従事する場合に受ける報酬と同等額以上の報酬を受ける必要があります。

学歴要件としては、従事しようとする業務に関連する科目を専攻して大学を卒業していること、またはこれと同等以上の教育を受けたことが必要です。実務要件としては、従事しようとする業務について10年以上の実務経験によってその知識を修得していることが必要となります。学歴要件と実務要件の両

方を満たす必要はなく、どちらかを満たしていれば足ります。

◇「留学」からの在留資格の変更に係る注意点

　大学を卒業する留学生が在留資格を「留学」から「技術・人文知識・国際業務」へと変更申請する場合、従事する業務と大学等での修得内容の関連性について、厳密に要求されるわけではありません。これは、現在の企業においては、必ずしも大学において専攻した知識に限られない広範な分野の知識が要求される業務に従事することが多いため、大学における専攻科目と就職先における業務内容の関連性を柔軟に考えないと、有用な人材を獲得することが難しくなってしまうという事情によります。したがって、専攻科目と業務内容を一応関連付けることができれば、許可される見込みをもつことができます。しかし、いかに柔軟に判断されるとはいえ、関連性が全くない場合には、許可されない可能性が高いでしょう。

　このこととの関係で、例えば、ドラッグストアを経営する会社が、総合職として経営学を専攻した留学生を採用する場合に、最初の数年は店舗で現場を勉強させて、その後に本社での勤務を予定するなどといったケースでは、単純労働を行わせるために採用するものではないことを説明するために、留学生が学んだ内容をどのように会社に活かそうとしているのか、店舗での勤務がその目的にどのように資するのか、というようなことを書面にして提出する必要があるでしょう。

　報酬が日本人の場合と同等額以上のものである必要について、ここでいう「報酬」とは、原則として基本給及び賞与をいい、通勤手当、扶養手当等の諸手当は「報酬」に含まれないとされています。また、「同等額以上」とは、それぞれの企業の賃金体系を基礎に、同種の企業の賃金を参考にして判断されますが、例えば東京においては、月額の報酬が18万円程度を下回ると、許可の可能性は低いといわれています。したがって、雇用契約書を作成する際には、これらのことを考慮に入れて報酬を定める必要があります。

　なお、在留資格を変更できない場合、そのまま雇い入れることはできませんので、のちに争いが生じないよう、雇用契約書を作成する際には、在留資

格の変更が許可されることを条件とする旨の条項を入れておくとよいでしょう。

文　献
1）外国人ローヤリングネットワーク 編『外国人事件ビギナーズ』現代人文社、2013年、74－80頁。
2）山脇康嗣『〔新版〕詳説 入管法の実務－入管法令・内部審査基準・実務運用・裁判例－』新日本法規出版、2017年、245－328頁。

（金 秀玄）

Q6 外国人従業員の配置転換、在留資格上の問題は？

「技術・人文知識・国際業務」の在留資格で「ソフトウェアエンジニア」として働く外国人従業員を、語学力を活かした国際営業部門の「営業職」に配置転換することに、在留資格上の問題はないでしょうか。

 在留資格の変更や資格外活動の許可は不要。

在留資格の変更や資格外活動の許可は不要だと考えられます。もっとも、在留期間更新の際に当該従業員が国際営業部門の営業職として一定水準以上の専門的能力を有していると認められない場合には、更新申請が不許可となる可能性があります。

◇ 在留資格の種類に応じた活動

入管法の別表第1に規定された在留資格は、就労や留学などその人が日本で行う活動に応じて許可されるものです。そのため、当該外国人が日本で行うことのできる活動は、それぞれの在留資格に応じて定められており、許可された在留資格に応じた活動以外の活動を行おうとする場合には、あらかじめ入国管理局から資格外活動の許可を受けるか（入管法19条2項）、在留資格の変更許可を受けなければなりません。

◇「技術・人文知識・国際業務」の在留資格

「技術・人文知識・国際業務」の在留資格で行うことのできる活動は、「本邦の公私の機関との契約に基づいて行う理学、工学その他の自然科学の分野若しくは法律学、経済学、社会学その他の人文科学の分野に属する技術若しくは知識を要する業務又は外国の文化に基盤を有する思考若しくは感受性を必要とする業務に従事する活動（1の表［編注：入管表別表第1の1］の教授の項、

芸術の項及び報道の項の下欄に掲げる活動並びにこの表の経営・管理の項から教育の項まで及び企業内転勤の項から興行の項までの下欄に掲げる活動を除く。）」（入管法別表第1の2）とされており、その具体例としては、機械工学等の技術者、通訳、デザイナー、私企業の語学教師などが想定されています。

　国際営業部門の「営業職」については、「外国の文化に基盤を有する思考若しくは感受性を必要とする業務に従事する活動」であり、「技術・人文知識・国際業務」の活動に該当するものと考えられます。したがって、配置転換にあたって、入国管理局から在留資格の変更や資格外活動の許可を受ける必要はないと考えられます。

　もっとも、当該従業員が「技術・人文知識・国際業務」の在留資格を許可された際には、入国管理局から「ソフトウェアエンジニア」として必要な技術・知識の有無が審査されただけであり、国際営業部門の「営業職」として必要な技術・知識の有無については審査がなされたわけではありません。そのため、当該従業員が在留期間を更新する際には、改めて国際営業部門の営業職として必要な技術・知識の有無が審査されることとなりますので、それがないと判断されるような場合には、在留期間の更新が認められない、ということになるものと考えられます。

（梶田 潤）

難民認定申請者が適法に働くには？

難民認定申請者は日本で適法に働くことができると聞きましたが、本当ですか。就労できるとしたら、それはどのような場合ですか。

「特定活動」の在留資格と資格外活動許可が必要。

　すべての難民認定申請者が適法に働くことができるわけではありません。適法に就労するためには、当該難民認定申請者が在留資格を有しており、資格外活動許可を受けていることが必要です。

◇ 在留資格の有無を確認

　難民認定申請者が日本で適法に働くためには、日本における適法な在留資格を有していることが必要となります。したがって、難民認定申請者であってもすべての者が適法に働くことができるわけではありません。

　他方で、在留期間を超過して日本に在留している非正規滞在者（例えばオーバーステイで入国管理局に収容された後、仮放免許可を受けている者）については、たとえ難民認定申請を行っている者であるとしても適法に就労することはできません。

◇ 難民認定申請中の在留資格

　実務上は、「短期滞在」の在留資格で日本に入国し、その在留期間が満了する前に難民認定申請を行う外国人が多くいます。このように短期滞在をはじめとする適法な在留資格を有し、その在留期間が満了する前に難民認定申請を行った者については、その在留資格を「特定活動」に変更することが認められる場合があります。したがって、難民認定申請者について、就労が可能か否かを判断するためには、当該外国人が「特定活動」の在留資格を有しているかどうかがポイントとなります。

◇ 資格外活動許可を受けることが必要

　外国人が、許可された在留資格に応じた活動以外に、収入を伴う事業を運営する活動または報酬を受ける活動を行おうとする場合には、あらかじめ入国管理局から、資格外活動の許可を受けなければなりません（入管法19条1項、2項）。

　したがって、難民認定申請中であることを理由として「特定活動」の在留資格を付与された者についても、日本で適法に就労するためには、入国管理局から、資格外活動許可を受ける必要があります。

（梶田　潤）

第2章　在留資格

 留学生のアルバイト、何か制限は？

留学生をアルバイトとして就労させても大丈夫ですか。アルバイトであればどのような仕事をさせても問題ないですか。

 資格外活動の許可が必要。ただし労働時間・内容に制限あり。

　入国管理局から資格外活動の許可を受けている留学生をアルバイトとして就労させることは可能です。ただし、労働時間や労働の内容には一定の制限がありますので注意が必要です。

◇　資格外活動の許可が必要

　「留学」の在留資格で在留する外国人については、入管法上、アルバイトなどの報酬を受ける活動を行うことはできないとされており（19条1項2号）、それを行おうとする場合には、あらかじめ資格外活動の許可を受けなければなりません（19条2項）。ただし、「留学」の在留資格をもって在留する外国人が、在籍する大学または高等専門学校（第4学年、第5学年及び専攻科に限る）との契約に基づいて報酬を受けて行う教育または研究を補助する活動（例えば、大学で教育・研究を補助するティーチングアシスタントを行うような場合）については、資格外活動の許可を受けることを要しないとされています[*]。

◇　労働時間の制限

　資格外活動の許可申請を受けた場合、法務大臣（その委任を受けた地方入国管理局長）は、当該許可に必要な条件を付することができます（入管法19

---

[*]　入国管理局「資格外活動の許可（入管法第19条）」（http://www.immi-moj.go.jp/tetuduki/zairyuu/shikakugai.html，平成30年7月19日最終閲覧）。

条2項)。この規定を受け、入管法施行規則は、留学生の労働時間を1週28時間以内（在籍する教育機関が学則で定める長期休業期間にあるときは、1日について8時間以内）と制限しています（19条5項1号）。

　したがって、資格外活動の許可を受けた場合であっても留学生は無制限に就労することができるわけではなく、前記の労働時間を遵守する必要があります。定められた時間を超えて就労をしていたような場合、当該外国人については、在留資格の更新や変更が認められなかったり、退去強制手続が開始されたりという不利益を被る可能性があるほか、雇用主についても、刑事罰を科せられるおそれがありますので、注意する必要があります。

◇ 労働内容の制限

　留学生が行うことのできるアルバイトの内容についても一定の制約が課せられています。

　入管法施行規則では、留学生がアルバイトを行うにあたっては、活動場所で風俗営業等が営まれていないことが条件とされていますので、留学の在留資格で滞在している外国人は、これらの活動が行われている場所（スナック、キャバレー、キャバクラ、ホストクラブなど）で就労をすることはできません（19条5項1号）。

（梶田　潤）

第2章 在留資格

「技術・人文知識・国際業務」の在留資格で
ベビーシッター、問題は？

私は日本で会社を経営しています。「技術・人文知識・国際業務」の在留資格で就労している従業員に私の自宅でベビーシッターをさせています。子どもに英語を教える仕事と考えれば、問題はないでしょうか。

 資格外活動と認定される可能性も。

在留資格で定められた活動以外の活動を行っていると判断される可能性がありますので、ベビーシッターの仕事をさせることは避けた方がよいでしょう。

◇「技術・人文知識・国際業務」の在留資格で行うことのできる活動

入管法上、「技術・人文知識・国際業務」の在留資格で行うことのできる活動は、次のとおりとされています。

「本邦の公私の機関との契約に基づいて行う理学、工学その他の自然科学の分野若しくは法律学、経済学、社会学その他の人文科学の分野に属する技術若しくは知識を要する業務又は外国の文化に基盤を有する思考若しくは感受性を必要とする業務に従事する活動（１の表［編注：入管法別表第１の１］の教授の項、芸術の項及び報道の項の下欄に掲げる活動並びにこの表の経営・管理の項から教育の項まで及び企業内転勤の項から興行の項までの下欄に掲げる活動を除く。）」（入管法別表第１の２）。

その具体例としては、機械工学等の技術者、通訳、デザイナー、私企業の語学教師などが挙げられます。

このとおり、私企業の語学教師は「技術・人文知識・国際業務」の在留資格で行うことのできる活動です。しかし、ベビーシッターの仕事は、一般に保護者が留守のときなどに保護者宅などにおいて子どもの保育・世話をするというものであって、語学教師の仕事とは、業務の内容や、業務を行うのに

31

必要とされる能力も全く異なります。したがって、ベビーシッターを「子どもに英語を教える仕事」と考えて、私企業の語学教師と同列に捉えるのは無理があるでしょう。

　そうすると、ベビーシッターの業務は「技術・人文知識・国際業務」の在留資格で行うことのできる活動の範囲を超えるものであり、そのような活動を行うためには、在留資格の変更許可や資格外活動の許可を受ける必要があると考えられます。

（梶田　潤）

3 技能実習制度

 技能実習制度とは？

技能実習制度とはどんな制度ですか。雇用と異なるのですか。

 開発途上国人材への技能等の移転を目的とする制度。雇用とは共通点も相違点も。

◇ 技能実習制度と雇用との違い

　技能実習制度は、日本の民間団体や企業に開発途上地域の人材を受け入れて、技術・技能・知識を習得させ、技術移転を行うことによって、開発途上地域における人材育成に貢献することを目的としている制度です。

　技能実習生も雇用契約を締結し、技能実習の期間を通じて労働関係法令が適用されますので、その点では通常の雇用と共通しているといえます。

　しかし、技能実習制度の本来の目的が開発途上国人材への技能等の移転にあることから、通常の雇用とは異なる面もあります。

　例えば、技能実習生は、技能実習の対象として定められている特定の職種・作業にしか従事することができません。また、技能実習生は、多くの場合、出国前に講習等を受けてから来日していますが、来日後にも技能実習前に一定期間日本語の講義などの座学の講習を受けることになっています。さらに、受入企業等は、技能実習の円滑な実現のため、生活指導員・技能実習指導員の配置を行い、生活や実習についての相談に随時対応するなど、技能実習生に対する特有の配慮を行わなければならないことになっています。

　なお、平成28年11月28日に「外国人の技能実習の適正な実施及び技能実習生の保護に関する法律」（以下「技能実習法」といいます）が公布され、平

成29年11月1日に施行されました（Q12参照）。

◇ 技能実習制度の2つのタイプ

技能実習制度には、企業単独型と団体監理型があります。企業単独型は、日本の企業等が、海外の子会社や一定程度の取引実績を有する大口取引先等から職員を受け入れて技能実習を行う場合です。一方、団体監理型は、商工会や中小企業団体等の団体が技能実習生を受け入れて、当該団体に所属する企業等が技能実習を行う場合です。現在、ほとんどは団体監理型による技能実習であり、全体の90%以上を占めています。

◇ 技能実習の流れ

団体監理型の技能実習において、商工会や中小企業団体等の団体のことを監理団体、監理団体に所属して実際に技能実習を行う企業等のことを実習実施者（実習実施機関）といいます。

技能実習生を受け入れるにあたっては、監理団体及び実習実施者において技能実習計画を作成します。技能実習法により、同法施行後は、外国人技能実習機構に技能実習計画を提出して、その技能実習計画が適当であることの認定を受けることになりました。技能実習の対象職種・作業は限定されており、特に2年目以降（技能実習2号・3号）は、77職種139作業（平成29年12月現在）に限定されています。技能実習生を対象職種・作業以外の作業に従事させることはできません。

技能実習生は、送出国の送出機関を通じて来日の手続をし、来日します。入国後に、日本語や技能実習生の法的保護に必要な情報などについて、1か月から2か月ほどの講習を受けます。その後、実習実施者における技能実習を開始します（技能実習1号）。実習実施者は、生活指導員・技能実習指導員を選任して、技能実習内容についての指導を行うほか、生活面でも日本で円滑に生活ができるよう配慮します。

監理団体は、技能実習生を受け入れた後も、技能実習の期間全体を通して、実習実施者において技能実習が適正に実施されているかどうかを確認し指導

第2章　在留資格

しなければならない立場にあり、定期的な監査などが義務付けられています。
　企業単独型においては、監理団体が存在せず、実習実施者が技能実習計画の作成や技能実習生に対する講習の実施も含めた技能実習生の受入れに関する役割のすべてを担うことになります。

◇ 受入可能な技能実習生の人数及び実習期間

　技能実習生は、来日後はまず技能実習1号の在留資格で滞在します。技能実習1号の在留期間は最長1年です。技能実習1号の終了時に技能検定基礎2級等に合格すると、技能実習2号へ移行することができ、技能実習1号で滞在していた期間と合わせて最長3年まで技能実習生として日本に滞在することができます。また、技能実習法により新たに技能実習3号が創設され、同法施行後の技能実習の最長期間は5年になりました（Q12参照）。
　1つの実習実施者で受け入れることができる人数は、実習実施者の規模（常勤職員総数）や監理団体によって異なります。技能実習法の施行により、この人数は拡大されています（Q12参照）。

（藤井 なつみ）

Q11 技能実習生を受け入れる上での注意点は？

技能実習制度は問題があると聞いたことがあります。実習生を受け入れる上で気をつける点は何ですか。

 制度の目的・全体像を正しく理解し、不正行為・禁止行為を行わない。

◇ 技能実習制度における不正行為

　技能実習制度は、平成5年に創設された制度ですが、以来、技能実習生の数が増え、制度の拡充が行われてきました。その過程の中で、技能実習生への賃金の不払い、暴行、パスポートや在留カードの取上げ、強制貯蓄、報告書等の偽造などの不正行為が多発するようになりました。中には、パスポートを取り上げた上で技能実習生を監禁に近い状態にしたり、長時間の残業をさせておきながら時給300円程度の賃金しか払わないなど、悪質なケースも発生しました。民事訴訟の提起が相次ぎ、社会的にも問題になりました。

　技能実習制度の濫用を防止するため、平成21年に入管法が改正され、技能実習生の保護の強化が図られました。しかし、その後も不正行為の数はなお相当数にのぼっており、制度の適正な実施を確保するための監督体制が不十分であることや罰則が整備されていないことなどが指摘されてきました。そのため、罰則を伴う技能実習法が平成28年11月28日に公布、平成29年11月1日に施行され、不正行為に対する規制は厳しくなってきています。

　従来から、技能実習制度における不正行為が認定されると、当該監理団体・実習実施者等については、技能実習生の受入れが最長5年間停止される措置が取られてきました。技能実習法の施行後は、これに加え、禁止行為として規定されている行為について刑事罰を科せられる可能性が出てきます。また、技能実習生に対して労働関係法令や民法に反する行為をしてしまった場合、技能実習生らから労働審判や民事訴訟を提起される可能性もあるという点は、

通常の雇用と変わりありません。

　技能実習生を受け入れるにあたっては、まず、技能実習制度が開発途上国人材への技能等の移転を目的とする特別な制度であるということを理解し、制度の全体像を正しく理解しておくことが必要です。誤って技能実習生が低賃金労働者であるという錯覚に陥ってしまわないようにしなければなりません。また、技能実習生には通常の労働者と同様に労働関係法令が適用されるという事実も忘れないように注意しなければなりません。さらに、技能実習制度においてどのような行為が不正行為として禁止されているか、どのような不正行為が多く発生しているかを把握し、自らが技能実習生の受入れを行う際に、同じ間違いをしないように注意するという対策が必要です。監理団体や他の事業者から誤った情報が提供されることがありますが、そのような情報を鵜呑みにしないよう心がける必要もあります。

◇ 不正行為の具体例

　技能実習制度上の不正行為のうち、特に多く発生している類型の具体例は以下のとおりです。

(1) 賃金等の不払い

　技能実習生に対する手当または報酬の一部、または全部を支払わなかった場合です。

(2) 偽変造文書等の行使・提供

　例えば、技能実習に係る不正行為に関する事実を隠蔽する目的で虚偽の報告書等を提出した場合などです。

(3) 技能実習計画との齟齬

　技能実習生を受け入れるにあたり提出した技能実習計画と著しく異なる内容の技能実習を実施した場合です。例えば、「型枠施工」の技能実習を行う計画で受け入れた技能実習生を木製建具手加工作業に従事させる場合などです。

(4) 名義貸し

　技能実習生を受け入れるにあたり地方入国管理局等に提出した申請内容と異なる他の機関で技能実習を実施していたような場合です。

37

(5) 労働関係法令違反

　技能実習の実施に関し、労働基準法、労働安全衛生法、職業安定法等の労働関係法令について重大な違反があった場合です。

◇ 禁止行為

　技能実習法においては、以下の行為が禁止行為とされています。禁止行為の規定に違反してしまった場合には刑事罰の対象となる可能性がありますので、注意が必要です。

(1) 技能実習生に対する暴行、脅迫、監禁を行う行為

(2) 技能実習生が契約を履行しなかった場合の違約金を定めたり、損害賠償額を予定する契約を定める行為

(3) 技能実習生の給与の一部を強制的に貯蓄させる契約を締結する行為

(4) 技能実習生のパスポートや在留カードを保管する行為

(5) 技能実習生の外出その他の私生活の自由を不当に制限する行為

（藤井 なつみ）

第2章　在留資格

 新しい技能実習制度、変更点は？

技能実習制度が新しくなったと聞きました。新制度について教えてください。

 従来よりも制度の適正化・拡充が図られ、技能実習法施行によりスタート。

◇ 新しい技能実習制度

　平成29年11月1日の技能実習法の施行により、技能実習制度が大きく変わりました。新しい技能実習制度は、従来よりも技能実習制度の適正化を図るための内容が盛り込まれていると同時に、技能実習制度を拡大する内容にもなっています。

◇ 技能実習制度の適正化

　新しい技能実習制度においては、制度の適正化のため、新しく以下の内容の規定が設けられました。
(1) 技能実習計画が認定制になります
　技能実習生受入れに際して、監理団体及び実習実施者において作成する技能実習計画は、認可機関に提出して、計画が適当であることの認定を受けることとなりました。
(2) 監理団体が許可制になります
　監理団体を許可制とし、許可の基準や欠格事由を規定するほか、法令を遵守しない場合等に監理団体に対して許可の取消しを行うことができるようになりました。
(3) 実習実施者が届出制になります
(4) 認可機関として外国人技能実習機構が新設されます
　技能実習計画の認定、監理団体の許可に関する調査、実習実施者の届出の

39

受理、実習実施者・監理団体に対する報告要求・実施検査、技能実習生からの相談対応・情報提供・援助を行う機関として外国人技能実習機構が新設されました。

(5) 罰則を伴う禁止規定が設けられます

　技能実習生に対する暴行・脅迫、強制貯蓄、私生活の不当な制限等の人権侵害行為について、罰則を伴う禁止規定が設けられました（**Q11参照**）。

　また、実習実施者や監理団体等に法令に違反する事実がある場合には、技能実習生はその事実を主務大臣に申告することができることが規定され、この申告をしたことを理由として実習実施者等が技能実習生に対して不利益な取扱いをすることも禁止されます。

(6) 技能実習生の実習先変更の支援

　技能実習生が実習先の変更を求めることについてやむを得ない事情がある場合には、実習実施者や監理団体等だけでなく、外国人技能実習機構も必要な実習先変更の支援を行うこととなりました。

◇ 技能実習制度の拡充

(1) 技能実習生の滞在期間が延長されます

　これまでの技能実習制度では、技能実習生が日本に滞在できる期間は、合計で最長3年でした（技能実習1号・2号）。技能実習法の施行により、実習実施者が優良で、かつ技能実習生が所定の技能評価試験の実技試験に合格する等の一定の目標を達成した場合には、さらに最長2年の実習を行うことが認められることとなりました（技能実習3号）。これにより、技能実習生は最長で5年間滞在することが可能となります。ただし、技能実習2号が終了した時点で、1か月以上帰国することが必要です。また、実習実施者が優良であるかどうかは、技能実習生の技能検定等の合格率、技能実習指導員・生活指導員等の講習受講歴、技能実習生の賃金の昇給率等の待遇、法令違反・問題の発生状況、相談・支援体制などの要素について判断されます。

(2) 受入可能な技能実習生の人数が拡大されます

　旧制度の基本人数枠（受入可能人数の上限）は、常勤職員総数が50人以下

の場合、原則３人でしたが、この人数が大幅に拡大されることとなりました。

　新しい技能実習制度における基本人数枠は、常勤職員総数が41人から50人の場合が５人、31人から40人の場合が４人、30人以下の場合が３人と設定されています。団体監理型の場合、技能実習１号（最長１年）の技能実習生については基本人数枠の人数の受入れを行い、技能実習２号（最長２年）の技能実習生については基本人数枠の２倍の人数までの受入れが可能となります。さらに、優良基準適合者の場合は、より多くの技能実習生の受入れが可能となります。具体的には、技能実習１号では基本人数枠の２倍、技能実習２号では基本人数枠の４倍、技能実習３号（最長２年）では基本人数枠の６倍の技能実習生の受入れが可能となります。ただし、常勤職員の総数や職種との関係で一定の制限があります。

（藤井 なつみ）

4 介護・看護職と家事労働者

 Q13 看護師や介護職として外国人の雇用は可能？

病院と老人ホームを経営しています。看護師や介護職として外国人を雇い入れることはできますか。

 在留資格によって可能。特に介護職は外国人雇用促進の流れ。

◇ 就労制限のない在留資格

 外国人が、「永住者」や「日本人の配偶者等」などの就労制限のない在留資格（Q2参照）を有している場合には、日本人の場合と同様、看護師や介護職として雇い入れることに問題はありません。ただし、医師や患者などとの間で正確なコミュニケーションが必要な場合が多く、また、日誌などの記録を作成することが必要となる場面も出てきますので、高い日本語の運用能力が求められることが多い点に注意が必要です。

◇ 看護師・介護職として就労可能なその他の在留資格

 上述のような就労制限のない在留資格以外では、看護師や介護職として働くことができる在留資格は限られています。
(1) 在留資格「医療」
 日本の看護師等の資格を有している場合には、「医療」の在留資格を取得し、就労することができます。
(2) 経済連携協定（EPA）に基づく看護師・介護福祉士
 日本とフィリピンやベトナム等との二国間協定により、看護師・介護福祉

士の候補者が日本で勉強して国家資格を取得し、資格取得後、看護師・介護福祉士として滞在・就労することが可能となる制度が実施されています。この制度により看護師・介護福祉士として就労する外国人は、EPA看護師・EPA介護福祉士としての「特定活動」の在留資格を取得します。

(3) 在留資格「介護」の創設

平成29年施行の入管法改正により、「介護」という在留資格が創設されました。これは、留学生として日本の介護福祉士養成施設で勉強した外国人が、介護福祉士の国家資格を取得し、日本で就職する場合に付与することが想定されている在留資格です。介護福祉士として就労することができます。

(4) 技能実習制度に基づく介護の技能実習生

平成29年11月に施行された新しい技能実習法において、対象職種に「介護」が追加されました。技能実習の枠組みの中で、介護職種に従事する労働者を雇用することが可能となります。介護福祉士の国家資格を有していない外国人でも介護職種での就労が可能となる点に特色があります。

◇ 社会を支える仲間として

少子高齢化の進展に伴い、看護・介護分野での人手不足は深刻な問題であり、これらの分野で外国人が活躍する場面はますます増えていくと考えられます。これは世界の先進国のトレンドでもありますので、外国人であるからといって日本人に比して労働条件を悪くしていたのでは、就職先として日本が選ばれなくなっても不思議ではありません。少子高齢化社会を支えていく仲間として尊重していく必要があります。

（尾家 康介）

Q14 外国人介護職の訪問介護は可能？

介護職の外国人を個人宅の訪問介護に派遣することはできますか。

 在留資格によっては可能に。これからの仕組みづくりが鍵。

◇ 外国人の訪問介護解禁と今後の課題

　経済連携協定（EPA）に基づく介護福祉士（Q13参照）は、これまで、訪問介護を行うことができないなど、一定の条件が課せられていました。平成29年4月からは、EPAの介護福祉士にも訪問介護が解禁されるなど、条件が一部緩和されています。

　これに伴って、厚生労働省から、①日本の生活様式や利用者とのコミュニケーション術の習得などを含む研修の実施、②緊急事態発生時の対応マニュアルの整備、③サービス提供に関する適切な記録等の作成、④サービス提供責任者が同行してのOJTの実施などに留意するよう求める通知が出されています。

　在留資格「介護」の具体的運用はまだ始まったばかりですが、訪問介護についての制限はないものと思われます。他方で、技能実習としての介護職種には、訪問介護は含まれないようです。

　今後、訪問介護のニーズが高まる中で、人材が足りず、外国人の活用が広まっていくと予想されます。訪問介護は、施設での介護に比べると、日本人職員がいない中で利用者とマンツーマンで接する場合があり得るなど、より高い日本語能力が求められるほか、自動車の運転をどうするかといった点も、実際の雇用にあたっては問題となりそうです。

（尾家　康介）

第2章　在留資格

Q15 外国人家事労働者雇用の条件は？

人材派遣会社を経営しています。家事労働者として外国人を雇い入れることはできますか。私が個人の場合は、直接、住込みの家政婦として外国人を雇用することはできますか。

A 在留資格による。地域限定の入管法の特例も。

◇ まずは在留資格の確認を。雇用主側にも条件あり

「永住者」や「日本人の配偶者等」など、就労制限のない在留資格を有している外国人を家事労働者として雇い入れることは可能です。

また、国家戦略特別区域法により家事支援外国人受入事業が導入され、地域限定の入管法の特例として、在留資格「特定活動」により、外国人家事労働者の受入れが始まることになりました。平成30年4月現在、東京都、神奈川県、兵庫県、大阪府（当面は大阪市のみ）でこの事業が始まっています。この事業により外国人を家事労働者として雇い入れるためには、雇い入れる企業が日本で家事代行サービスをすでに行っている会社であることなどの基準を満たす必要があります。また、家事労働者との間でフルタイムの雇用契約を締結する必要があり、利用世帯との間では、企業が請負契約を結ぶことになります。利用世帯が家事労働者を直接雇うことや、住込みで働かせることは禁止されています。介護サービスを行うことはここでいう家事には含まれません。

さらに、家事労働者を雇い入れようとする人自身が、「外交」、「公用」の在留資格を有する外国人である場合や、「経営・管理」、「法律・会計業務」の在留資格を有し、かつ、13歳未満の子がいる場合などの一定の条件を満たす場合、また、「高度専門職」の在留資格を有し、一定の条件を満たす場合には、外国人を家事使用人として雇い入れることができます。この場合も、

当該家事使用人の在留資格は「特定活動」です。

◇ 外国人家事労働者をめぐるさまざまな問題

外国人家事労働者については、深刻な人権侵害の被害者となる例が世界的にしばしば報告され、雇い主たる利用世帯への従属関係や低賃金、住込みの場合の密室性（外に助けを求めにくい）といった問題があることを意識しておく必要があります。

（尾家 康介）

5 高度人材

Q16 高度人材ポイント制とは？

高度人材ポイント制とは何ですか。企業にとってメリットがあるのですか。

高度な資質と能力を有する外国人に、出入国管理上の優遇措置を講ずる制度。

◇ 高度人材ポイント制の目的・概要

　経済・労働市場の国際化や情報通信技術の発達により人材獲得競争はグローバル化しています。企業は優秀な人材であれば国内外を問わず雇用したいと考えます。自己の技能、知識、経験、才能を活かすことができ、よりよい条件で仕事ができるのであれば、働く場所は国内外を問わないと考える労働者も珍しくありません。人材・労働市場において「国」や「国籍」という概念はもはや意味をなさなくなっているのかもしれません。こうした現状を踏まえ、政府は高度な資質や能力を有する外国人の受入れを促進するために、平成24年5月7日、すでに就労が認められている「専門的・技術的分野[*1]」の人材のうち、高度な資質と能力を有すると認められる外国人を「高度外国人材[*2]」

[*1] 「高度専門職1号」の在留資格は、行おうとする活動が「教授」、「芸術」、「宗教」、「報道」、「経営・管理」、「法律・会計業務」、「医療」、「研究」、「教育」、「技術・人文知識・国際業務」、「企業内転勤」、「興行」、「技能」のいずれかの在留資格に相当する活動と必ず重複します。ただし、「高度専門職1号（ロ）」の在留資格においては、「技術・人文知識・国際業務」のうち「国際業務」の部分は含まれません。

[*2] 我が国が積極的に受け入れるべき高度外国人材とは、「国内の資本・労働とは補完関係にあり、代替することが出来ない良質な人材」であり、「我が国の産業にイノベーショ

として出入国管理上の優遇措置を講ずる「高度人材ポイント制」を導入しました。

　制度の具体的な内容は、高度外国人材の活動内容を「高度学術研究活動*3（高度専門職1号（イ））」、「高度専門・技術活動*4（高度専門職1号（ロ））」、「高度経営・管理活動*5（高度専門職1号（ハ））」の3つに分類した上で、それぞれの活動の特性に応じて「学歴」、「職歴」、「年収」、「年齢」などの項目ごとにポイントを設け、ポイントの合計が一定点数（70点）に達した場合に在留資格「高度専門職*6」を付与するものです*7。世界トップランキングの大学卒業生や高い日本語能力、複数の修士・博士号の取得、高額投資家など特別加算の対象となる項目もあります。ポイントの計算方法は、**図表1**のとおりです。

ンをもたらすとともに、日本人との切磋琢磨を通じて専門的・技術的な労働市場の発展を促し、我が国労働市場の効率性を高めることが期待される人材」とされています（高度人材受入推進会議「外国高度人材受入政策の本格的展開を（報告書）」平成21年5月29日）。

*3　「本邦の公私の機関との契約に基づいて行う研究、研究の指導又は教育をする活動」（法務省 入国管理局 リーフレット「高度人材ポイント制による出入国管理上の優遇制度」）。

*4　「本邦の公私の機関との契約に基づいて行う自然科学又は人文科学の分野に属する知識又は技術を要する業務に従事する活動」（法務省 入国管理局 同リーフレット）。

*5　「本邦の公私の機関において事業の経営を行い又は管理に従事する活動」（法務省 入国管理局 同リーフレット）。

*6　「高度専門職1号」と「高度専門職2号」があります。「高度専門職2号」は「高度専門職1号」で3年以上活動を行った者が対象となります。

*7　詳しくは、法務省 入国管理局「高度人材ポイント制による出入国管理上の優遇制度」（http://www.immi-moj.go.jp/newimmiact_3/index.html，英語版：http://www.immi-moj.go.jp/newimmiact_3/en/index.html，平成30年7月20日最終閲覧）。

第2章 在留資格

■図表1 ポイント計算表

	高度学術研究分野		高度専門・技術分野		高度経営・管理分野	
学 歴	博士号(専門職に係る学位を除く。)取得者	30	博士号(専門職に係る学位を除く。)取得者	30	博士号又は修士号取得者(注7)	20
	修士号(専門職に係る博士号を含む。)取得者	20	修士号(専門職に係る博士号を含む。)取得者(注7)	20		
	大学を卒業し又はこれと同等以上の教育を受けた者(博士号又は修士号取得者を除く。)	10	大学を卒業し又はこれと同等以上の教育を受けた者(博士号又は修士号取得者を除く。)	10	大学を卒業し又はこれと同等以上の教育を受けた者(博士号又は修士号取得者を除く。)	10
	複数の分野において,博士号,修士号又は専門職学位を有している者	5	複数の分野において,博士号,修士号又は専門職学位を有している者	5	複数の分野において,博士号,修士号又は専門職学位を有している者	5
職 歴 (実務経験) (注1)			10年～	20	10年～	25
	7年～	15	7年～	15	7年～	20
	5年～	10	5年～	10	5年～	15
	3年～	5	3年～	5	3年～	10
年 収 (注2)	年齢区分に応じ,ポイントが付与される年収の下限を異なるものとする。詳細は②参照	40～10	年齢区分に応じ,ポイントが付与される年収の下限を異なるものとする。詳細は②参照	40～10	3000万円～	50
					2500万円～	40
					2000万円～	30
					1500万円～	20
					1000万円～	10
年 齢	～29歳	15	～29歳	15		
	～34歳	10	～34歳	10		
	～39歳	5	～39歳	5		
ボーナス① [研究実績]	詳細は③参照	25～20	詳細は③参照	15		
ボーナス② [地位]					代表取締役,代表執行役	10
					取締役,執行役	5
ボーナス③			職務に関連する日本の国家資格の保有(1つ5点)	10		
ボーナス④	イノベーションを促進するための支援措置(法務大臣が告示で定めるもの)を受けている機関における就労(注3)	10	イノベーションを促進するための支援措置(法務大臣が告示で定めるもの)を受けている機関における就労(注3)	10	イノベーションを促進するための支援措置(法務大臣が告示で定めるもの)を受けている機関における就労(注3)	10
ボーナス⑤	試験研究費等比率が3%超の中小企業における就労	5	試験研究費等比率が3%超の中小企業における就労	5	試験研究費等比率が3%超の中小企業における就労	5
ボーナス⑥	職務に関連する外国の資格等	5	職務に関連する外国の資格等	5	職務に関連する外国の資格等	5
ボーナス⑦	本邦の高等教育機関において学位を取得	10	本邦の高等教育機関において学位を取得	10	本邦の高等教育機関において学位を取得	10
ボーナス⑧	日本語能力試験N1取得者(注4)又は外国の大学において日本語を専攻して卒業した者	15	日本語能力試験N1取得者(注4)又は外国の大学において日本語を専攻して卒業した者	15	日本語能力試験N1取得者(注4)又は外国の大学において日本語を専攻して卒業した者	15
ボーナス⑨	日本語能力試験N2取得者(注5)(ボーナス⑦又は⑧のポイントを獲得した者を除く。)	10	日本語能力試験N2取得者(注5)(ボーナス⑦又は⑧のポイントを獲得した者を除く。)	10	日本語能力試験N2取得者(注5)(ボーナス⑦又は⑧のポイントを獲得した者を除く。)	10
ボーナス⑩	成長分野における先端的事業に従事する者(法務大臣が認める事業に限る。)	10	成長分野における先端的事業に従事する者(法務大臣が認める事業に限る。)	10	成長分野における先端的事業に従事する者(法務大臣が認める事業に限る。)	10
ボーナス⑪	法務大臣が告示で定める大学を卒業した者	10	法務大臣が告示で定める大学を卒業した者	10	法務大臣が告示で定める大学を卒業した者	10
ボーナス⑫	法務大臣が告示で定める研修を修了した者(注6)	5	法務大臣が告示で定める研修を修了した者(注6)	5	法務大臣が告示で定める研修を修了した者(注6)	5
ボーナス⑬					経営する事業に1億円以上の投資を行っている者	5
合格点		**70**		**70**		**70**

①最低年収基準

高度専門・技術分野及び高度経営・管理分野においては,年収300万円以上であることが必要

②年収配点表

	～29歳	～34歳	～39歳	40歳～
1000万円	40	40	40	40
900万円	35	35	35	35
800万円	30	30	30	30
700万円	25	25	25	－
600万円	20	20	20	－
500万円	15	15	－	－
400万円	10	－	－	－

③研究実績

		高度学術研究分野	高度専門技術分野
研 究 実 績	特許の発明 1件～	20	15
	入国前に公的機関からグラントを受けた研究に従事した実績3件～	20	15
	研究論文の実績については,我が国の国の機関において利用されている学術論文データベースに登録されている学術雑誌に掲載されている論文(申請人が責任著者であるものに限る。)3本～	20	15
※	上記の項目以外で,上記項目におけるのと同等の研究実績があると申請人がアピールする場合(著名な賞の受賞歴等),関係行政機関の長の意見を聴いた上で法務大臣が個別にポイントの付与の適否を判断	20	15

※高度学術研究分野については,2つ以上に該当する場合は25点
(注1) 従事しようとする業務に係る実務経験に限る。
(注2) ※1 主たる受入機関から受ける報酬の年額
※2 海外の機関からの転勤の場合には,当該機関から受ける報酬の年額を算入
※3 賞与(ボーナス)も年収に含まれる。
(注3) 就労する機関が中小企業である場合には,別途10点の加点
(注4) 同等以上の能力を試験(例えば,BJTビジネス日本語能力テストにおける480点以上の得点)により認められている者も含む。
(注5) 同等以上の能力を試験(例えば,BJTビジネス日本語能力テストにおける400点以上の得点)により認められている者も含む。
(注6) 本邦の高等教育機関における研修については,ボーナス⑦のポイントを獲得した者を除く。
(注7) 経営管理に関する専門職学位(MBA, MOT)を有している場合には,別途5点の加点

資料出所：法務省 入国管理局 前掲リーフレット

また、高度外国人材として在留資格「高度専門職」で入国・在留が認められると次の出入国管理上の優遇措置を受けることができます（**図表2参照**）。

■図表2　高度外国人材の出入国管理上の優遇措置

	「高度専門職1号」の場合	「高度専門職2号」の場合
1．複合的な在留活動の許容	外国人は通常、許可された在留資格の範囲内でしか活動ができませんが、高度外国人材の場合は、主たる活動と関連する事業や活動であれば複数の在留資格にまたがるような活動を並行して行うことができます。	「高度専門職1号」の活動と併せてほぼすべての就労資格の活動を行うことができます。
2．在留期間の優遇	在留期間「5年」が一律に付与されます。	在留期間は無期限となります。
3．在留歴に係る永住許可要件の緩和	永住許可を受けるためには、原則として引き続き10年以上日本に在留することが必要ですが、高度外国人材としての活動を引き続き3年間行っている場合や、高度外国人材の中でも特に高度と認められる方（80点以上の方）で高度外国人材としての活動を引き続き1年間行っている場合は永住許可の対象となります（「日本版高度外国人材グリーンカード」）。	
4．配偶者の就労	高度外国人材の配偶者は、学歴や職歴などの要件を満たさない場合でも「教育」、「技術・人文知識・国際業務」に該当する活動をすることができます。	
5．一定の条件の下での親の帯同の許容	①高度外国人材またはその配偶者の7歳未満の子（養子を含む）を養育する場合、②高度外国人材の妊娠中の配偶者または妊娠中の高度人材本人の介助等を行う場合、については、一定の要件の下で、高度外国人材またはその配偶者の親（養親を含む）の入国・在留が認められます。	
6．一定の条件の下での家事使用人の帯同の許容	高度外国人材については、一定の要件の下で、外国人の家事使用人を帯同することが認められます。	
7．入国・在留手続の優先処理	入国・在留手続が優先的に早期処理されます。入国事前審査に係る申請は、申請受理から10日以内、在留審査に係る申請は申請受理から5日以内が目途とされています。	

※　法務省 入国管理局 前掲ウェブサイトをもとに筆者が作成

第2章　在留資格

◇ 高度人材ポイント制導入後の状況とメリット

　政府は2020年末までに１万人、2022年末までに２万人の高度外国人材認定を目指すとしています＊8。実際、平成24年５月の制度導入時の認定数はわずか12人でしたが、着々と増加し、平成29年12月時点では１万572人に達しています。また国籍別に見ると中国からの受入れが圧倒的多数を占め（平成28年末、65.3％）、アメリカ（5.2％）、インド（4.8％）、韓国（3.9％）、台湾（3.0％）と続きます。企業の成長には国籍や性別を問わず優秀な人材が不可欠です。原則的には、外国人の活動範囲や滞在期間は、在留資格の範囲に限定されています。しかし、高度外国人材ポイント制により、家族とともに長期間、安定的に生活することができるようになりました。こうした日本の労働市場は外国人にとって魅力的です。そして、高い専門知識を有する優秀な外国人労働者の受入れは、個々の企業にとっても、日本の社会全体にとっても、多様性をもたらし、大きな活力と収益をもたらすものといえるでしょう。

（板倉 由実）

＊8　「未来投資戦略2018－Society 5.0の実現に向けた改革－」（平成30年６月15日閣議決定）。

Q17 高度外国人材の採用・受入手続は？

高度外国人材に該当する人材を雇用したいと考えています。人材を探す方法や採用の際に気をつけるべき点は何でしょうか。また、企業は、高度外国人材を受け入れるためにどのような手続が必要ですか。

海外からの人材獲得方法は複数あり。ミスマッチの防止が重要。在留資格申請は詳しい専門家への相談も検討を。

◇ 高度外国人材とは

政府は「専門的・技術的分野の外国人労働者は積極的に受け入れる」という基本方針を取っています。専門的・技術的分野で就労する外国人労働者は、活動内容ごとに入管法で定められた就労資格（在留資格）を取得する必要があります[*1]。高度人材ポイント制は、就労資格の決定の対象となる外国人の中で特に優れた人材、すなわち、学歴・職歴・年収等の項目ごとにポイントをつけ、その合計が一定点数（70点）以上に達した人を「高度外国人材」として出入国管理上の優遇措置を講ずるという制度です。したがって「高度外国人材」を採用したい場合は、ポイント評価が70点以上に達する人材を見つけ出すしかありません。

◇ 高度外国人材の獲得方法

では、こうした人材はどのように見つけ出せばよいのでしょうか。政府は、厚生労働省の管轄のもと、東京、名古屋、大阪、福岡に外国人雇用センター

[*1] ただし、「永住者」、「日本人の配偶者等」、「永住者の配偶者等」、「定住者」という「身分と地位に基づく在留資格」を有する外国人は就労制限がありません。また、これらの在留資格を有する外国人が必ずしも専門知識や技術を有するものではありません。

を設置し、求人と求職のあっせんを行っています。厚生労働省が作成した「高度外国人材の日本企業就職支援事例集」[2]は、高度外国人材を活用したい企業や日本企業に就職したい留学生に向けて、人材獲得方法や採用・活用の工夫に関する事例がまとめられていますので、参考にするとよいでしょう。

次に、民間の人材紹介会社を利用することも一般的です。雇用・労働市場のグローバル化や情報通信技術の発展により、日本においても、複数の海外拠点をもつ人材紹介会社がその情報網を駆使して、世界規模で人材の発掘と有料職業紹介事業を行っています。また、国内外の名門大学・大学院に在籍する学生に対して、直接、就職説明会を実施する企業もあります。

労働者もグローバル人材向けの転職サイトやLinkedInなどのSNSに登録し、学歴・職歴などのプロフィールや実績・活動報告を掲載することにより、よりよい労働条件で就労できる企業の採用情報を収集し、企業や人材紹介会社からのヘッド・ハンティングの機会を狙っています。ほかにもJapan Timesなどの外国人向けの新聞にも求人欄がありますし、Facebookにも職業紹介のアカウントが数多く存在します[3]。

◇ 採用に際して気をつけること

ミスマッチやミスコミュニケーションに基づくトラブルを未然に防止することも必要です。職業紹介サイトや人材紹介会社を通じて紹介された採用候補者とは、複数の従業員による複数回の面接をすることが不可欠です。また、労働条件（給与と内訳、残業代の有無・計算方法、所定労働時間、退職金の有無、休暇など）についても、直接説明し、書面により確認することが必要です[4]。人材紹介会社に労働条件の説明を一任していたため、採用した後で「説明と違う」とトラブルになり、短期間で退職する事例も少なくありませ

---

[2]　厚生労働省「高度外国人材の日本企業就職支援事例集について」（http://www.mhlw.go.jp/bunya/koyou/oshirase/130416-01.html，平成30年7月20日最終閲覧）。

[3]　ただし、不正確な情報も多く注意が必要です。職業紹介事業者は有償・無償を問わず厚生労働省の許可を受ける必要があります（職業安定法30条、33条）。

[4]　労働施策の総合的な推進並びに労働者の雇用の安定及び職業生活の充実等に関する

ん。高度外国人材の外国人は、就職のために海外から家族で日本に移り住んでくる場合も多いため、ミスマッチによる短期間での退職は、企業にとっても、外国人にとっても大きな痛手となります。外国人を雇用ないし雇用する予定の会社は、厚生労働省の「外国人労働者の雇用管理の改善等に関して事業主が適切に対処するための指針」（平成19年8月3日厚生労働省告示第276号。以下「外国人指針」といいます）*5を確認しておくとよいでしょう。なお、海外など遠隔地の候補者との面接は、Skypeなどのビデオ会議や、HireVueなどのデジタル面接プラットフォームを利用する企業が多いようです。

◇ 在留資格「高度専門職1号」の申請手続

「高度外国人材」として外国人の採用が決まった場合、在留資格「高度専門職1号」の申請手続が必要となります*6。

外国人がこれから日本に入国する場合は、受入企業が事前に地方入国管理局窓口で、高度専門職1号に係る「在留資格認定証明書交付申請」を行います。この際、行おうとする活動に係るポイント計算表*7とポイントを立証す

法律（以下「労働施策総合推進法」といいます）7条は、「事業主は、外国人が我が国の雇用慣行に関する知識及び求職活動に必要な雇用に関する情報を十分に有していないこと等にかんがみ、その雇用する外国人がその有する能力を有効に発揮できるよう、職業に適応することを容易にするための措置の実施その他の雇用管理の改善に努めるとともに、その雇用する外国人が解雇（自己の責めに帰すべき理由によるものを除く。）その他の厚生労働省令で定める理由により離職する場合において、当該外国人が再就職を希望するときは、求人の開拓その他当該外国人の再就職の援助に関し必要な措置を講ずるように努めなければならない」と定めています。

*5　厚生労働省告示第276号「外国人労働者の雇用管理の改善等に関して事業主が適切に対処するための指針」平成19年8月3日（http://www.mhlw.go.jp/bunya/koyou/gaikokujin-koyou/01.html，平成30年7月20日最終閲覧）。

*6　具体的な手続の流れや必要書類・書式は法務省 入国管理局のウェブサイトにて確認・ダウンロードすることができます。法務省 入国管理局「高度人材ポイント制による出入国管理上の優遇制度」「手続の流れは？　必要な申請書類は？」（http://www.immi-moj.go.jp/newimmiact_3/procedure/index.html，平成30年7月20日最終閲覧）。

*7　ポイント計算表参考書式（Excel形式）は法務省 入国管理局のウェブサイトからダウンロードすることができます。法務省 入国管理局「高度人材ポイント制による出入国管理上の優遇制度」「ポイント評価の仕組みは？」（http://www.immi-moj.go.jp/newimmiact_3/evaluate/index.html，平成30年7月20日最終閲覧）。

る資料の提出も必要です。

　在留資格認定証明書が交付されたら、受入企業から外国人に送付します。外国人は、在外公館におけるビザ（査証）の申請の際に在留資格認定証明書を提示することにより、スムーズに査証発給、上陸審査手続を受けることができます。「高度専門職1号」としては要件を満たさない場合でも、就労を目的とするその他の在留資格の条件に適合している場合は、申請人が希望すれば、当該在留資格に係る在留資格認定証明書が交付されます。

　すでに日本に在留している外国人や高度外国人として在留中で在留期間の更新を行う外国人の場合は、「在留資格変更許可申請」や「在留期間更新許可申請」が必要です。いずれの場合も「高度専門職1号」として行おうとする活動に係るポイント計算表とポイントを立証する資料等の提出が必要です。

　外国人の雇用と在留資格は密接不可分です。しかし、在留資格に関する手続は煩雑で、準備すべき資料も多岐にわたります。不明点があれば、弁護士や行政書士など在留資格手続に詳しい専門家に相談してみましょう。

（板倉　由実）

6　その他の在留資格

日本人と結婚している外国人の就労は？
離婚すると？

日本人と結婚している外国人は、どんな仕事でもできるのですか。
もうすぐ日本人と離婚をする外国人についてはどうですか。

　「日本人の配偶者等」の在留資格に就労制限はない。

　「日本人の配偶者等」の在留資格に就労制限はありません。したがって、日本人と法律上婚姻している外国人、もうすぐ日本人と離婚をする外国人ともに、「日本人の配偶者等」の在留資格があれば、原則として、どんな仕事でもできることになります（もちろん、法令に違反するものは除きます）。

　ただし、外国人が日本人と婚姻したとしても、婚姻前の在留資格で在留を継続することは可能であり、必ずしも「日本人の配偶者等」の在留資格に変更しなければならないわけではありません。このような場合、外国人がどのような仕事ができるかは、その外国人が有している在留資格によることになります。

◇「日本人の配偶者等」の在留資格

　「日本人の配偶者」といえるためには、①日本人と法律上婚姻しているだけでなく、②日本人の配偶者としての身分を有する者としての活動をしている必要があります。すなわち、日本人との間に婚姻関係が法律上存続している外国人であっても、(i)夫婦の一方または双方がすでに共同生活を営む意思を確定的に喪失するとともに、(ii)夫婦としての共同生活の実体を欠くようになり、(iii)その回復の見込みが全くない状態に至ったときには、その婚

姻関係は社会生活上の実質的基礎を失っているといえ、その者の活動は日本人の配偶者の身分を有する者としての活動に該当するということはできないとされています*。

そして、「日本人の配偶者等」の在留資格を有する外国人が「配偶者の身分を有する者としての活動を継続して6月以上行わないで在留している」場合は、「正当な理由」がある場合を除き、「日本人の配偶者等」の在留資格を取り消されてしまう可能性があります（入管法22条の4第1項7号）。

なお、「正当な理由」がある場合の具体例としては、①配偶者からの暴力（いわゆるDV（ドメスティック・バイオレンス））を理由として一時的に避難または保護を必要としている場合、②子供の養育等やむを得ない事情のために配偶者と別居して生活しているが生計を一にしている場合、③本国の親族の傷病等の理由により、再入国許可（みなし再入国許可を含む）による長期間の出国をしている場合、④離婚調停または離婚訴訟中の場合、が挙げられます（法務省 入国管理局「配偶者の身分を有する者としての活動を行わないことに正当な理由がある場合等在留資格の取消しを行わない具体例について」（平成24年7月）参照）。

以上のように、日本人と法律上婚姻していたとしても、日本人の配偶者としての身分を有する者としての活動をしていない外国人は、「日本人の配偶者等」の在留資格を取り消されてしまう可能性がある点に注意する必要があります。

また、在留資格の更新に際し、日本人配偶者の協力を得ることができないと、法律上は婚姻していたとしても、当該外国人の在留資格が「短期滞在」等に変更されてしまう可能性がある点にも注意してください。

◇ 離婚後の就労可能性

「日本人の配偶者等」の在留資格を有する外国人が、上述した入管法22条の4第1項7号に基づいてその在留資格を取り消される場合には、他の在留

---

*　在留資格変更申請不許可処分取消請求事件・最高裁第一小法廷平成14年10月17日判決、民集56巻8号1823頁。

資格への変更または永住許可の申請の機会が与えられるよう配慮することとされており（同法22条の5）、「日本人の配偶者等」の在留資格を有する外国人が離婚したとしても、要件を満たせば、「定住者」その他の在留資格を得ることができます。したがって、その外国人が離婚後にどのような仕事をすることができるのかは、離婚後の在留資格によることとなります。

（尾家 康介）

第2章 在留資格

 外国人の配偶者・子ども・両親の雇用は可能？

適法な在留資格のある外国人の配偶者や子ども、同居の両親を雇用することはできますか。

 まずは、本人の在留資格の確認を！

外国人の配偶者や子ども、同居の両親を雇用することができるか否かは、これまでのQで見てきたように、それぞれがどのような在留資格を有しているかによります。

したがって、雇用主は、雇用しようとしている外国人本人が雇用主の求めている業務を行うことができる在留資格を有しているかを確認する必要があります。外国人が「永住者」、「日本人の配偶者等」、「永住者の配偶者等」、「定住者」といった在留資格を有している場合、就労活動の制限はありませんが、在留資格によっては就労活動の内容が制限されている場合や、就労が認められていない場合があるからです。

ところで、在留資格には、今までのQで取り上げていない「家族滞在」という資格がありますので、以下では「家族滞在」の在留資格について説明します。

◇「家族滞在」の在留資格

「家族滞在」の在留資格の対象は、「外交」、「公用」、「技能実習」、「短期滞在」、「研修」、「家族滞在」及び「特定活動」の在留資格以外の在留資格をもって在留する外国人の扶養を受ける配偶者及び子です。「扶養を受ける」ことが必要である点が「日本人の配偶者等」の在留資格と異なります。そして、「家族滞在」の在留資格の活動内容は、扶養を受ける配偶者及び子として行う「日常的活動」となっています。このようなことから、「家族滞在」の在留資格を有する者の就労は原則として認められていません。

59

◇ 資格外活動許可による就労

　もっとも、「家族滞在」の在留資格を有する外国人は、「留学」の在留資格の場合と同様、地方入国管理局で資格外活動許可を受ければ、原則として1週28時間まで就労することが可能となります。

　この場合、法令（刑事・民事を問いません）に違反すると認められる仕事に従事することはもちろん、風俗営業、店舗型性風俗特殊営業もしくは特定遊興飲食店営業が営まれている営業所において行う活動または無店舗型性風俗特殊営業、映像送信型性風俗特殊営業、店舗型電話異性紹介営業もしくは無店舗型電話異性紹介営業に従事することも禁止されています（入管法施行規則19条5項）。

　なお、「留学」の在留資格を有している学生は、夏休み等の長期休業期間にあるときは、1日につき8時間以内の就労が認められますが、同じ学生であったとしても在留資格が「家族滞在」の場合には1週28時間以内の就労しか認められません。

　以上のように、「家族滞在」の在留資格を有する外国人を雇用することは原則としてできませんが、その外国人が資格外活動許可を有している場合は例外的に雇用することができる、ということになります。

　「家族滞在」の在留資格を有する外国人を雇用しようとする場合は、そもそも就労が可能かどうか、就労が可能であるとして就労可能時間がどれくらいかを、パスポート（旅券）の資格外活動許可証印、資格外活動許可書などで確認することが大切です。なお、資格外活動許可を得ている場合、在留カード裏面の「資格外活動許可欄」に、①「許可（原則週28時間以内・風俗営業等の従事を除く）」、②「許可（資格外活動許可書に記載された範囲内の活動）」いずれかの記載がなされることになっています。

◇「家族滞在」から他の在留資格への変更

　なお、「家族滞在」の在留資格を有する外国人も、要件を充足するのであれば、就労活動の制限がない「定住者」やフルタイムで働くことができる「技術・

人文知識・国際業務」等に在留資格を変更することが可能です。1週28時間を超える就労をさせたい雇用主は、当該外国人の在留資格の変更が可能かどうかを検討してみるとよいでしょう。

（尾家 康介）

第3章

労務管理

1　雇入れ

Q20 適用法令・制度や必要な手続、外国人と日本人で違いは？

外国人を雇う場合と日本人を雇う場合とで適用法令・制度や必要な手続に違いはありますか。また、雇入れ後の労務管理や離職の際の諸手続はどうですか。

　就労内容の制限や必要な手続にも相違あり。

　適用法令にはほとんど違いがありませんが、在留資格制度との関係で就労させ得る内容に制限があります。また雇入れ・離職の際にハローワークに届け出る必要があるなど、手続上の相違があります。

◇ 適用法令・制度

　労働関連法規の中核的法令である労働基準法は、3条で国籍による差別的取扱いを禁止しており、同法は外国人労働者にも当然に適用されます。その他、労働契約法、有期・パートタイム労働法、労働安全衛生法、最低賃金法、賃金支払確保法、職業安定法、労働者派遣法、男女雇用機会均等法、育児・介護休業法など、いずれも外国人労働者にも適用があります。

　労働保険についても、労災保険は外国人労働者にも適用があり、雇用保険も外国公務員及び外国の失業保障制度の適用を受けていることが立証された者を除き被保険者となります。社会保険についても、外国人労働者は被用者保険としての健康保険の被保険者となり、国民・厚生年金も強制加入の対象となります。

　以上について、たとえ外国人労働者が不法就労者であったとしても、これ

らの法律・制度が適用されることには違いがありません（ただし、職業安定法上の公共職業安定機関による職業紹介等については、不法就労外国人は対象外となっています）。

　もっとも、外国人労働者の就労は在留資格の範囲内で認められるものであり、その観点から後記のとおり日本人と異なる配慮が必要となる場面もあります。

　このように、事業者には諸法規の遵守、適切な労働条件及び安全衛生の確保、在留資格制度の範囲内での就労環境の確保が求められており、これについて厚生労働省より「外国人指針」が公表されています。

◇ 雇入れ・離職の際に必要な手続

　日本人と同様、募集に際しては労働条件の明示が求められますが、特に外国人が国外居住している場合には渡航費用の負担や住居の確保等の募集条件の詳細を明示することが望ましいとされています（外国人指針第4の1の1）。

　また、就労しようとする外国人は、就労活動に相応する在留資格（入管法別表第1）、または「永住者」、「日本人の配偶者等」、「永住者の配偶者等」、「定住者」という地位（同法別表第2）を有している必要があります。したがって、雇入れの際には、まず、当該外国人が就労に必要な在留資格を有しているかどうかについて、在留カードの提示を求めて確認する必要があります。また、外国人の不法就労活動防止等の観点から、事業主は、外国人労働者の雇入れ時と離職時に、その者の雇用状況をハローワークに届け出ることが義務付けられています（労働施策総合推進法28条1項、外国人指針第4の1の2及び第5）。

●資料　外国人労働者の雇入れ・離職の際に事業主がハローワークに届け出るべき事項・期限　（外国人指針第5「外国人労働者の雇用状況の届出」概要）

1．雇用保険被保険者資格を有する外国人労働者について
〈報告内容〉
　　氏名、在留資格、資格外活動許可が必要な場合にはその有無、在留

期間、生年月日、性別、国籍の属する国・地域のほか、職種、賃金、住所等の雇用保険被保険者資格取得届または雇用保険被保険者資格喪失届に記載すべき当該外国人の雇用状況等に関する事項
〈届出期限〉
雇入れに係る届出にあっては雇い入れた日の属する月の翌月10日までに、雇用保険被保険者資格取得届と併せて届け出る。離職に係る届出にあっては離職した日の翌日から起算して10日以内に、雇用保険被保険者資格喪失届と併せて届け出る。

2．雇用保険被保険者資格を有さない外国人労働者について
〈報告内容〉
氏名、在留資格、在留期間、生年月日、性別、国籍・地域
〈届出期限〉
雇入れまたは離職した日の属する月の翌月の末日までに届け出る。

◇ 雇入れ後の労務管理における注意点

既述のとおり、外国人の就労活動には在留資格との関係で制限があるため、当該在留資格の範囲を超える業務に従事させようとする場合には、まず当該外国人労働者において在留資格の変更手続を取る必要があります。しかしながら、在留資格の変更は入国管理局によって当然に認められるものではないため、事業主としてはそのような限界をあらかじめ想定しておく必要があります。

また、外国人労働者の適切な労働環境確保の見地より、外国人労働者を常時10人以上雇用する事業主については人事課長等を外国人労働者の雇用管理に関する責任者として選任することとされています（外国人指針第6）。

その他、適正な労働条件の確保、安全衛生の確保、雇用保険・労災保険・健康保険及び厚生年金保険の適用、適切な人事管理・教育訓練・福利厚生等、解雇の予防及び再就職の援助について、同指針第4の2～6において定めがあります。

（伊藤　崇）

第3章 労務管理

Q21 海外在住の外国人の日本への雇入れ、手続は？

海外在住の外国人を新規採用しました。勤務地は日本の本社なのですが、実際にその外国人労働者を日本に入国・滞在させるためには、どのような手続が必要ですか。

多くの場合、在留資格認定証明書の取得・交付が必要。

◇ 入国には原則ビザが必要

　就労のために外国人が日本に入国するためには、原則としてビザ（査証）が必要となります（入管法6条1項）。このビザ申請には、①ビザ申請人本人が現地の日本大使館または総領事館で直接申請、②委任状を所持した代理人が現地の日本大使館または総領事館で申請、③日本大使館または総領事館が承認した代理申請機関で申請、の3通りの方法があり、どれを採り得るかについては当該外国人の申請する予定の大使館・総領事館に確認することになります[*1]。

　外務省は、ビザの原則的発給基準について、原則として以下の要件をすべて満たし、かつ、ビザ発給が適当と判断される場合、と説明しています[*2]。

(1) 申請人が有効な旅券を所持しており、本国への帰国又は在留国への再入国の権利・資格が確保されていること。
(2) 申請に係る提出書類が適正なものであること。

[*1] 外務省「ビザ・日本滞在－よくある質問」平成25年8月16日「1．申請まで　Q4」(http://www.mofa.go.jp/mofaj/toko/visa/faq.html#q1-4, 平成30年7月17日最終閲覧)。
[*2] 外務省「ビザの原則的発給基準」平成27年5月21日 (http://www.mofa.go.jp/mofaj/toko/visa/tetsuzuki/kijun.html, 平成30年7月17日最終閲覧)。

（3） 申請人が日本において行おうとする活動又は申請人の身分若しくは
　　　地位及び在留期間が、入管法に定める在留資格及び在留期間に適合
　　　すること。
（4） 申請人が入管法第5条第1項各号のいずれにも該当しないこと。

　このうち（3）について、これを外国人労働者がビザ申請時に自ら証明することは困難であり、実務的には、当該外国人労働者を受け入れる会社において在留資格認定証明書（入管法7条の2）という書類を取得し、これを外国人労働者に送付してビザ申請時に提出させることが通常です。

◇ 在留資格認定証明書の交付申請

　在留資格認定証明書とは、入国しようとする外国人が国内で行おうとする活動が虚偽のものでなく入管法所定の在留資格に相応するものであること、及びいわゆる上陸許可基準（入管法別表第1の2の表及び4の表所定の在留資格について、特に上陸を許可すべき要件を定めたもの（出入国管理及び難民認定法第7条第1項第2号の基準を定める省令））に適合することを証明する書類です。これは、地方入国管理局に必要書類を提出して交付を受けることになりますが、外国人自身が外国にいる場合には（たまたま短期滞在で日本を訪問するなどの機会がない限り）自ら地方入国管理局に出頭することはできないため、当該従業員を受け入れる日本国内の会社が代理人として申請することが通常です（入管法7条の2第2項、同規則6条の2第3項、同規則別表第4）。この申請に必要な書式や資料については、入国管理局のウェブサイトに記載があります。

　上記のとおり、この在留資格認定証明書はまずもってビザ申請時に使用するものですが、在留資格認定証明書が証明する上記の事実は入管法7条1項2号所定の上陸許可要件でもあることから上陸審査時にも使用することができ、これを提示した場合には上陸審査も簡易迅速に終えることができます。この在留資格認定証明書の有効期間は交付日から3か月以内であることから、ビザ申請及びその後の日本上陸はこの期間内に行う必要があります（特に、高

度専門職1号イ〜ハの活動を行う者については、在留資格認定証明書が上陸審査時の必要書類となります（同法7条2項））。

◇ その他の上陸許可要件の確認も必要

なお、上陸許可要件としては上で挙げた入管法7条1項2号のほか、所持する旅券及び査証が有効であること（同1号）、在留期間が相当であること（同3号）、入国拒否事由に該当しないこと（同4号）も必要です。在留資格認定証明書で証明される事項はこれらの1号、3号、4号事由とは関係ありませんが、いずれにせよ上陸拒否される者に在留資格認定証明書を交付する意味はないことから、1号、3号、4号の上陸拒否事由が存在することが明らかである場合には、在留資格認定証明書は通常交付されません（入管法施行規則6条の2第5項ただし書）。

したがって、海外で外国人を採用して日本で勤務させる場合、会社としては、当該外国人労働者について想定している就労活動を確認した上で、それに関して必要資料を集めて相応する在留資格認定証明書を管轄の地方入国管理局に申請し、交付を受けた在留資格認定証明書を外国人労働者に送付した上で、同労働者にビザ申請をさせることになります。在留資格認定証明書が交付されるまでの期間は在留資格に応じて全く異なりますが、数か月かかることもまれではありませんので、早めの手続着手が必要となります。

(伊藤 崇)

海外支店勤務の外国人従業員の日本への出張、手続は？

海外支店勤務の外国人従業員を日本に出張させることを考えていますが、実際にその外国人従業員を日本に入国・滞在させるためには、どのような手続が必要ですか。

 ビザ免除措置国かどうかで手続は異なる。

◇ 一般的な手続

外国人が日本に入国するためには、原則としてビザ（査証）が必要となります（入管法6条1項）。このビザ申請には、①ビザ申請人本人が現地の日本大使館または総領事館で直接申請、②委任状を所持した代理人が現地の日本大使館または総領事館で申請、③日本大使館または総領事館が承認した代理申請機関で申請、の3通りの方法があり、どれを採り得るかについては当該外国人の申請する予定の大使館・総領事館に確認することになります。

外務省は、ビザの原則的発給基準について、原則として以下の要件をすべて満たし、かつ、ビザ発給が適当と判断される場合、と説明しています[*1]。

(1) 申請人が有効な旅券を所持しており、本国への帰国又は在留国への再入国の権利・資格が確保されていること。
(2) 申請に係る提出書類が適正なものであること。
(3) 申請人が日本において行おうとする活動又は申請人の身分若しくは地位及び在留期間が、入管法に定める在留資格及び在留期間に適合すること。

---

*1　外務省「ビザの原則的発給基準」平成27年5月21日（http://www.mofa.go.jp/mofaj/toko/visa/tetsuzuki/kijun.html、平成30年7月17日最終閲覧）。

（4）申請人が入管法第5条第1項各号のいずれにも該当しないこと。

　この（3）について、商用であっても90日以内の滞在で報酬を得る活動を
しない場合には「短期滞在」の在留資格に該当し得るため、通常の出張であ
ればそれを前提としてビザ申請をすることになると思われます。その場合の
具体的な必要書類としては、ビザが必要な外国人の出身国・地域に応じて、
身元保証書、招へい理由書、会社・団体概要説明書、滞在予定表などの諸書
類が要求されており、詳細は外務省のウェブサイト等で確認することになり
ます。
　一例として、中国国籍者が短期商用目的でビザを申請する場合には、申請
人が中国側で用意する書類として①ビザ申請書、②写真、③パスポート、④
戸口簿写し、⑤居住証または居住証明書、⑥在職証明書、⑦所属先の営業許
可証写し、⑧所属先の批准書写し（合弁会社の場合）が必要です。また、招
へい機関及び身元保証機関が日本側で用意する書類として①招へい理由書、
②身元保証書、③滞在予定表、④招へい機関に関する資料が必要となってい
ます。
　なお、この短期滞在ビザは通常は1回限り有効なものですが、複数回の日
本への渡航が予定されている場合には、別途要件を満たせば数次有効のビザ
を申請することが可能な場合もあります。
　したがって、外国人労働者を出張のために日本に入国・滞在させる場合に
は、会社として上記のような必要書類を用意して外国人労働者に交付した上
で、同労働者にビザ申請をさせることになります。ビザ発給の標準処理期間
は5業務日とされていますが、事情に応じて延長され得るため、早めの手続
着手が必要となります。

◇ ビザ免除措置国の場合

　以上の例外として、日本は現在68の国・地域に対してビザ免除措置を実施
しており、これに該当する諸国・地域出身の者は、商用、会議、観光、親族・
知人訪問等を目的とする滞在で報酬を得る活動をしない場合、国ごとに決め

られた短期滞在の範囲内（インドネシア、タイ、ブルネイについては15日、アラブ首長国連邦は30日、その他の国・地域については90日）であれば、日本入国のためにビザを取得する必要はありません。なお、ビザ免除措置国のリストは外務省のウェブサイトに掲載されています[*2]（日本との間で人の往来が比較的多い国のうち、中国、ロシア、フィリピンはこのビザ免除措置国に含まれていません）。

　したがって、ビザ免除措置国出身者の外国人労働者については、前述の条件に該当する限りビザ申請の必要なく日本への出張が可能となります。もっとも、ビザ免除措置は日本への上陸を保証するものではなく、上陸審査時に日本で行おうとする活動が前述のとおりであることを説明できなければ上陸が拒否されることになりますので（入管法7条1項2号）、会社としては、外国人労働者の上陸審査の際の説明を容易にすべく出張命令書等を発行して携帯させておくなどの配慮が望まれます。

（伊藤 崇）

[*2]　外務省「ビザ免除国・地域（短期滞在）」平成29年7月1日（http://www.mofa.go.jp/mofaj/toko/visa/tanki/novisa.html、平成30年7月17日最終閲覧）。

第3章　労務管理

 外国人との労働契約、適用される法律は？

外国人を雇う場合の労働契約については、どこの国の法律が適用されるのでしょうか。日本の本社勤務とした場合と海外支店勤務とした場合とで扱いは異なりますか。雇い入れた場所が日本か海外かでも違いがあるでしょうか。

 まずは労働契約内容の確認を。

雇入れ時の労働契約の内容のほか、当該労働契約に最も密接な関係のある場所がどこかによって結論が変わります。

◇ 労働契約中に適用法について明示の定めがある場合

どこの国の法律が適用されるのかという問題については、「法の適用に関する通則法」（以下「通則法」といいます）という法律の定めに従うことになります。

ここでは一般論として、契約の成立や効力については「当事者が当該法律行為の当時に選択した地の法による」（同法7条）とされているため、雇入れ時の労働契約中に適用法について明示の定めがある場合には、その定めに従うことになります。また、当該外国人との合意があれば雇入れ後に適用法を変更することも可能です（同法9条本文）。

しかしながら、労働契約には上記の一般論とは異なる特例が定められています。すなわち、労働契約中で明示された適用法が「当該労働契約に最も密接な関係がある地の法」と異なる場合において、労働者がその「当該労働契約に最も密接な関係がある地の法」の中の特定の強行規定を適用すべきと主張した場合には、当該強行規定も適用されます（同法12条1項）。そして、この「当該労働契約に最も密接な関係がある地の法」がどこかについては各契約ごとに検討されることになりますが、別段の事実関係がない限り、労務

73

提供地の法（労務提供地が特定できない場合には当該労働者を雇い入れた事業所の所在地の法）が「当該労働契約に最も密接な関係がある地の法」と推定されることになります（通則法12条2項）。

　具体例として、仮に外国人を日本で雇い入れ、日本の本社勤務とした場合でも、労働契約中に適用法をニューヨーク州の法律と明記していれば、同人の労働関係についてはニューヨーク州の労働法理が適用されることになります。しかしながら、労務提供地が日本であるため、特段の事情がない限り日本法が「当該労働契約に最も密接な関係がある地の法」となり、当該外国人は日本の労働関係の強行規定の適用も主張することができます。したがって、例えば当該労働者を理由なく解雇した場合には、仮にそれがニューヨーク州の労働法理の下では有効であるとしても、当該外国人は日本の厳しい解雇規制（労働契約法16条）に基づく解雇無効を主張できることになります。

◇ 労働契約中に適用法について明示の定めがない場合

　契約中に適用法について明示の定めがない場合については、「当該法律行為に最も密接な関係がある地の法」によると定められています（通則法8条1項）。そして、労働契約においては、当該労働契約において労務を提供すべき地の法が「当該労働契約に最も密接な関係がある地の法」と推定されます（同法12条3項）。

　具体例として、仮に外国人を日本で雇い入れ、日本の本社勤務とした場合において、労働契約中に適用法について明示の規定がない場合には、勤務地である日本の法律が適用されることになります。他方、外国人を日本で雇い入れた場合であっても、海外支店勤務として採用したのであれば、勤務地である海外支店の所在地の法律が適用されることになります。

◇ 注意点

　以上の解説は、労働契約の成立及び効力について日本の裁判所が法律の適用関係を考える際についてのものであり、海外の裁判所が同労働契約の成立・効力について検討する場合には、その国における規律に従って準拠法が定ま

第3章　労務管理

ることになります。準拠法の定め方は国際的に統一されていないため、国内外の裁判所によって法律の適用関係が異なるということも生じ得ます。

　仮に労働契約上の紛争が生じた場合に日本の裁判所が当該案件を審理できるかどうかについては民事訴訟法に規定があり、労働者からは会社の事務所所在地、営業所所在地、義務履行地、労務提供地等のいずれかが日本にあれば日本の裁判所で審理を求めることができますので（3条の2、3条の3、3条の4第2項）、使用者としては少なくとも日本の裁判所で裁判になることはあり得るものとして法律の適用関係を検討し、適法性を確保しておく必要があります。しかし、ここでもまた、海外の裁判所が当該紛争を審理できるかどうかについては海外の裁判所が独自にこれを検討するということになります。したがって、仮に労働契約上の紛争が生じた場合に海外の裁判所でも審理がなされるか、その場合どこの法律が適用されるのかについては当該国・地域の弁護士に相談する必要があります。

（伊藤　崇）

Q24 外国人労働者への労働条件の明示、注意点は？

外国人労働者を採用する際、労働条件の明示に関して注意すべきことは何ですか。

A 差別的な取扱いをしないこと。また、外国人労働者が理解できる正確な労働条件の明示を。

労働条件の明示については、労働基準法15条により、以下の内容が定められています。

(1) 使用者が労働者を採用するときは、賃金、労働時間その他労働条件を書面などで明示しなければなりません。

(2) 明示された労働条件と事実が相違している場合には、労働者は即時に労働契約を解除することができます。

(3) (2)の場合、就業のために住居を変更した労働者が、契約解除の日から14日以内に帰郷する場合には、使用者は必要な旅費などを負担しなければなりません。

外国人労働者も日本人労働者と同様に、労働基準法をはじめ、最低賃金法、労働安全衛生法、労働者災害補償保険法、職業安定法などが適用されます。

したがって、外国人労働者についても労働基準法15条に基づいた労働条件の明示が必要です。

◇ 不合理な差別の禁止

労働基準法3条では、国籍を理由として、賃金、労働時間、その他の労働条件について、差別的な取扱いをしてはならないと定めています。

労働基準法をはじめとした労働法令、健康保険・厚生年金等の社会保険や、所得税、住民税も、原則として日本人と同じように取り扱います。

第3章　労務管理

◇ 外国人が理解できる労働条件の明示

　外国人指針では、外国人労働者との労働契約の締結に際し、賃金、労働時間など主要な労働条件について、当該外国人労働者が理解できる内容を明示する必要があるとしています。また、賃金については、賃金の決定、計算及び支払いの方法等はもとより、これに関連する事項として税金、労働・社会保険料、労使協定に基づく賃金の一部控除の取扱いについても外国人労働者が理解できるよう説明し、当該外国人労働者に実際に支給する額が明らかとなるよう努めることとしています。

　一般的に、東洋の文化圏に比べて、西洋の文化圏では、契約意識が高いといわれています。欧米では、契約書で契約していない業務内容については、その業務を行う義務はないと考えることが一般的です。文化的な背景も踏まえて、外国人には日本人に労働条件を明示するよりも、より詳細に書面等により労働条件を伝える必要があります。

◇ 正確な労働条件の明示

　採用時に明示された労働条件と実際の労働条件の相違や誤解があった場合、トラブルになる可能性があります。特に賃金などの大切な事項については、外国人本人もすぐに気がつきます。

　労働基準法15条2、3項では、明示された労働条件と事実が相違している場合には、労働者は即時に労働契約を解除することができ、同時に、就業のために住居を変更した労働者が、契約解除の日から14日以内に帰郷する場合には、使用者は必要な旅費などを負担しなければならない、としています。契約を即時に解除した外国人（海外から招へいした場合）が本国等に帰国するような場合には、その旅費を負担しなければなりませんし、同行してきた扶養家族の旅費も含まれますので、場合によっては、高額な旅費を負担することになる可能性があります。

　その他、在留期間の更新申請が許可されない可能性も出てきます。更新申請の際に、以前の在留資格認定時に提出した労働条件通知書の賃金額と大き

77

な違いがある場合、たとえ本人が、提出した労働条件通知書と異なる賃金での労働に納得していたとしても、その説明を求められ、合理的な説明ができない場合は、更新申請そのものが不許可となることもあります。

　このようなトラブルを防ぐためにも、労働条件の明示については、正確な内容で、かつ、外国人にわかる方法で行う必要があります。

文　献
1 ）ACROSEED グループ 佐野誠・岡島理人・秋山周二・西澤毅『必要な知識と手続きが
　　すべてわかる！ 外国人雇用マニュアル』すばる舎リンゲージ、2010年。
2 ）中西優一郎『図解 トラブルを防ぐ！ 外国人雇用の実務』同文舘出版、2014年。

（加藤 香佳子）

第3章 労務管理

外国人の採用時、日本語の雇用契約書のみでは不十分?

外国人を採用する際、日本語で雇用契約書を作るだけではだめですか。

 雇用契約書は必ず締結。母国語による契約書が理想。

労働基準法15条1項には、労働者に対する労働条件の明示義務が定められ、その具体的な内容は労働基準法施行規則5条1項に規定されています（図表1参照)。これは、日本人労働者だけでなく、外国人労働者にも適用されます。

■図表1　労働条件の明示事項

必ず明示する事項	①　労働契約の期間に関する事項 ②　期間の定めのある労働契約を更新する場合の基準に関する事項 ③　就業の場所、従事すべき業務に関する事項 ④　始業・終業の時刻、所定労働時間を超える労働（早出・残業等）の有無、休憩時間、休日、休暇、労働者を2組以上に分けて就業させる場合における就業時転換に関する事項 ⑤　賃金の決定・計算・支払いの方法、賃金の締切り・支払いの時期に関する事項 ⑥　退職に関する事項（解雇の事由を含む） ⑦　昇給に関する事項 ※ただし、②は更新する場合のある有期労働契約を締結する場合に限られます。
定めをした場合に明示しなければならない事項	⑧　退職手当の定めが適用される労働者の範囲、退職手当の決定・計算・支払いの方法・支払いの時期に関する事項 ⑨　臨時に支払われる賃金・賞与等、最低賃金額に関する事項 ⑩　労働者に負担させるべき食費、作業用品などに関する事項 ⑪　安全、衛生に関する事項 ⑫　職業訓練に関する事項 ⑬　災害補償、業務外の傷病扶助に関する事項 ⑭　表彰、制裁に関する事項 ⑮　休職に関する事項

これらの事項のうち、特に①〜⑥については、書面の交付をもって明示す

べきことが定められています。

　さらに外国人指針でも、「外国人労働者との労働契約の締結に際し、賃金、労働時間等主要な労働条件について、当該外国人労働者が理解できるようその内容を明らかにした書面を交付すること」とされています。

　外国人労働者は、国にもよりますが、比較的契約に関する意識が強い傾向があり、契約書に書かれていない内容については、業務をする必要がないと考える人も多くいます。そのため、日本人労働者との間で使用する雇用契約書（労働条件通知書）のほか、自社独自の業務内容やルールを別紙でまとめるなど、詳細に定めておく必要があります。

　また、言語については、雇用契約書を当該外国人労働者の母国語によって作成することが理想ではありますが、難しい場合でも、最低限、前述の業務内容や自社のルールのまとめ、条項の説明については、母国語で作成するなどの対応が必要です。

　厚生労働省のウェブサイトには、日本語併記の英語による労働条件通知書（図表２）のほか、中国語、韓国語、ポルトガル語、スペイン語、タガログ語、インドネシア語、ベトナム語の労働条件通知書が掲載されていますので、これらを参考にして自社独自の労働条件通知書を作成することも可能です。

第3章 労務管理

■図表2　モデル労働条件通知書（英語版）

<table>
<tr><td colspan="2" align="center">Notice of Employment
労働条件通知書</td></tr>
<tr>
<td>To: _____ 殿</td>
<td>Date: _____
年月日
Company's name _____
事業場名称（ローマ字で記入）
Company's address _____
所在地（ローマ字で記入）
Telephone number _____
電話番号
Employer's name _____
使用者職氏名（ローマ字で記入）</td>
</tr>
</table>

I.	**Term of employment** 契約期間 Non-fixed,　　　　Fixed*　　　　(From　　　　to　　　　) 期間の定めなし　　期間の定めあり（※）（　年　月　日　～　年　月　日） [If the employee is eligible for an exception under the Act on Special Measures for Fixed-term contract Workers with Specialized Knowledge, etc.] 【有期雇用特別措置法による特例の対象者の場合】 　Period in which the right to apply for conversion to indefinite term status is not granted: I (highly skilled professional), II (elderly person after retirement age) 無期転換申込権が発生しない期間：Ⅰ（高度専門）・Ⅱ（定年後の高齢者） 　I. Period from beginning to end of specific fixed-term task (　　　months from _____ [maximum of 10 years]) Ⅰ 特定有期業務の開始から完了までの期間（　　　か月（上限10年）） 　II. Period of continuous employment after reaching mandatory retirement age Ⅱ 定年後引き続いて雇用されている期間
II.	**Place of Employment** 就業の場所
III.	**Contents of duties** 従事すべき業務の内容 If the employee is eligible for an exception under the Act on Special Measures for Fixed-term contract Workers with Specialized Knowledge, etc. (highly skilled professional) 【有期雇用特別措置法による特例の対象者（高度専門）の場合】 　• Specific fixed-term task (　　　　Start date:　　　　End date:　　　　) 　•特定有期業務（　　　　開始日：　　　　完了日：　　　　)
IV.	**Working hours, etc.** 労働時間等 1.　Opening and closing time: 　始業・終業の時刻等 　(1)　Opening time (　　　　)　　Closing time (　　　　) 　　　始業（　時　分）　　　終業（　時　分） 　[If the following systems apply to workers] 　【以下のような制度が労働者に適用される場合】 　(2)　Irregular labor system, etc.: Depending on the following combination of duty hours as an irregular (　　) unit work or shift system. 　　　変形労働時間制等：（　　）単位の変形労働時間制・交代制として、次の勤務時間の組み合わせによる。 　　┌ Opening time (　　　) 　Closing time (　　　) 　(Day applied:　　　) 　　│ 始業（　時　分）　　終業（　時　分）　（適用日：　　　） 　　├ Opening time (　　　) 　Closing time (　　　) 　(Day applied:　　　) 　　│ 始業（　時　分）　　終業（　時　分）　（適用日：　　　） 　　└ Opening time (　　　) 　Closing time (　　　) 　(Day applied:　　　) 　　　 始業（　時　分）　　終業（　時　分）　（適用日：　　　） 　(3)　Flex time system: Workers determine opening and closing time. 　　　フレックスタイム制；始業及び終業の時刻は労働者の決定に委ねる。 　　[However,　　　flex time:　　(opening) from (　　　) to (　　　); 　　（ただし、フレキシブルタイム　（始業）（　）時（　）分から（　）時（　）分、 　　　　　　　　　　　　　　　　（closing) from (　　　) to (　　　) 　　　　　　　　　　　　　　　　（終業）（　）時（　）分から（　）時（　）分、 　　　　　　　　　　Core time:　　from (opening) (　　　) to (closing) (　　　)] 　　　　　　　　　　コアタイム　　（　）時（　）分から（　）時（　）分まで）] 　(4)　System of deemed working hours outside workplace: Opening (　　　) Closing (　　　) 　　　事業場外みなし労働時間制：始業（　時　分）終業（　時　分） 　(5)　Discretionary labor system: As determined by workers based on opening (　　　) closing (　　　) 　　　裁量労働制：始業（　時　分）終業（　時　分）を基本とし、労働者の決定に委ねる。 　○ Details are stipulated in Article (　), Article (　), Article (　) of the Rules of Employment 　　詳細は、就業規則第（　）条～第（　）条、第（　）条～第（　）条、第（　）条～第（　）条

81

2. Rest period (   ) minutes
   休憩時間 （   ）分
3. Presence of overtime work (Yes: No:)
   所定時間外労働の有無 （ 有 ， 無 ）

V. Days off
   休日
   • Regular days off: Every (   ), national holidays, others (   )
     定例日：毎週（ ）曜日、国民の祝日、その他（   ）
   • Additional days off: (   ) days per week/month, others (   )
     非定例日：週・月当たり（   ）日、その他（   ）
   • In the case of irregular labor system for each year: (   ) days
     １年単位の変形労働時間制の場合－年間（   ）日
   ○ Details are stipulated in Article (   ), Article (   ), Article (   ) of the Rules of Employment
     詳細は、就業規則第（ ）条～第（ ）条、第（ ）条～第（ ）条、第（ ）条～第（ ）条

VI. Leave
   休暇
   1. Annual paid leave: Those working continuously for 6 months or more, (   ) days
      年次有給休暇   ６か月継続勤務した場合→（   ）日
                        Those working continuously up to 6 months, (Yes: No:)
                        継続勤務６か月以内の年次有給休暇 （ 有 ， 無 ）
                        →   After a lapse of (   ) months, (   ) days
                            （   ）か月経過で（   ）日
                        Annual paid leave (in hours) (Yes: No:)
                        時間単位年休 （ 有 ， 無 ）
   2. Substitute days off (Yes: No:)
      代替休暇 （ 有 ， 無 ）
   3. Other leave: Paid   (   )
      その他の休暇   有給   (   )
                         Unpaid (   )
                         無給   (   )
      ○ Details are stipulated in Article (   ), Article (   ), Article (   ) of the Rules of Employment
        詳細は、就業規則 第（ ）条～第（   ）条、第（ ）条～第（   ）条、第（ ）条～第（ ）条

VII. Wages
   賃金
   1. Basic pay (a) Monthly wage (yen) (b) Daily wage (yen)
      基本賃金   月給（   円）   日給（   円）
                  (c) Hourly wage (yen)
                    時間給（   円）
                  (d) Payment by job (Basic pay: yen: Security pay: yen)
                    出来高給（基本単価   円、保障給   円）
                  (e) Others (yen)
                    その他（   円）
                  (f) Wage ranking stipulated in the Rules of Employment
                    就業規則に規定されている賃金等級等

   2. Amount and calculation method for various allowances
      諸手当の額及び計算方法
      (a) (allowance: yen;   Calculation method:)
           (手当   円／   計算方法：   )
      (b) (allowance: yen;   Calculation method:)
           (手当   円／   計算方法：   )
      (c) (allowance: yen;   Calculation method:)
           (手当   円／   計算方法：   )
      (d) (allowance: yen;   Calculation method:)
           (手当   円／   計算方法：   )
   3. Additional pay rate for overtime, holiday work or night work
      所定時間外、休日又は深夜労働に対して支払われる割増賃金率
      (a) Overtime work: Legal overtime   60 hours or less per month (   ) %   over 60 hours per month (   ) %   Fixed overtime (   ) %
        所定時間外   法定超   月60時間以内（   ）％   月60時間超（   ）％   所定超（   ）％
      (b) Holiday work: Legal holiday work (   ) %   Non-legal holiday work (   ) %
        休日   法定休日（   ）％   法定外休日（   ）％
      (c) Night work (   ) %
        深夜（   ）％
   4. Closing day of pay roll : (   ) – (   ) of every month;(   ) – (   ) of every month
      賃金締切日   （   ）－ 毎月（   ）日、（   ）－ 毎月（   ）日
   5. Pay day :   (   ) – (   ) of every month;(   ) – (   ) of every month
      賃金支払日   （   ）－ 毎月（   ）日、（   ）－ 毎月（   ）日
   6. Method of wage payment (   )
      賃金の支払方法 （   ）

82

第3章　労務管理

7. Deduction from wages in accordance with labor-management agreement: [No:　　　　Yes: (　　　　　　　)]
   労使協定に基づく賃金支払時の控除　（　無　,　有　(　　　　　　　)）
8. Wage raise:　　　(Time, etc.　　　)
   昇給　　　　　（時期等　　　　）
9. Bonus:　　　　[Yes: (Time and amount, etc.　　　　); No:　　　]
   賞与　　　　　（　有　(時期、金額等　　　　)、無　）
10. Retirement allowance:　　[Yes: (Time and amount, etc.　　　　　); No:　　]
    退職金　　　　　（　有　(時期、金額等　　　)、無　）

VIII.　Items concerning retirement
　　　退職に関する事項
1. Retirement age system　[Yes: (　　　old);　No:　　　]
   定年制　　　　　　　（　有　(　　歳)、　無　）
2. Continued employment scheme　[Yes: (Up to　　　years of age); No:]
   継続雇用制度　　　　　　　　（　有　(　　歳まで)、無　）
3. Procedure for retirement for personal reasons [Notification should be made no less than (　　) days before the retirement.]
   自己都合退職の手続（退職する（　　）日以上前に届け出ること）
4. Reasons and procedure for the dismissal:
   解雇の事由及び手続

   ○ Details are stipulated in Article (　　), Article (　　), Article (　　) of the Rules of Employment
   詳細は、就業規則第(　)条〜第(　)条、第(　)条〜第(　)条、第(　)条〜第(　)条

IX.　Others
　　その他
　• Joining social insurance [Employees' pension insurance; Health insurance; Employees' pension fund; other: (　　　　)]
　　社会保険の加入状況（　厚生年金　健康保険　厚生年金基金　その他　(　　　　)）
　• Application of employment insurance: (Yes:　　No:　　)
　　雇用保険の適用　（　有　,　無　）
　• Consultation office for items concerning improvement of employment management, etc.
　　雇用管理の改善等に関する事項に係る相談窓口
　　Name of office (　　　　) Person in charge (　　　　) (Tel. No.　　　　)
　　部署名 (　　　) 担当者職氏名 (　　　)　(連絡先　　　)
　• Others
　　その他

*To be entered in case where, with regard to "Period of contract," you answered: "There is a provision for a certain period."
(※)「契約期間」について「期間の定めあり」とした場合に記入

Renewal 更新の有無	1. Renewal of contract 　契約の更新の有無 　[• The contract shall be automatically renewed. • The contract may be renewed. 　（自動的に更新する　　　　　　　　更新する場合があり得る 　• The contract is not renewable. • Others (　　)] 　契約の更新はしない　　その他　(　　)） 2. Renewal of the contract shall be determined by the following factors. 　契約の更新は次により判断する。 　• Volume of work to be done at the time the term of contract expires 　　契約期間満了時の業務量 　• Employee's work record and work attitude • Employee's capability 　　勤務成績、態度　　　　　　　　　　能力 　• Business performance of the Company • State of progress of the work done by the employee • Others(　　) 　　会社の経営状況　　　　　従事している業務の進捗状況　　　その他(　　) *The following explains cases where a "defined period" is provided with regard to the "period of contract." ※以下は、「契約期間」について「期間の定めあり」とした場合についての説明です。 In accordance with the provision of Article 18 of the Labor Contract Act, in case the total period of a labor contract with a defined period (to commence on or after April 1, 2013) exceeds five consecutive years, such labor contract shall be converted to a labor contract without a definite period, effective the day after the last day of the former period of contract, upon the request of the worker concerned made by the last day of said period of contract. However, if the employee is eligible for an exception under the Act on Special Measures for Fixed-term contract Workers with Specialized Knowledge, etc., this period of "five years" will become the period provided for the "term of employment" in this Notice. 労働契約法第18条の規定により、有期労働契約（2013年4月1日以降に開始するもの）の契約期間が通算5年を超える場合には、労働契約の期間の末日までに労働者から申込みをすることにより、当該労働契約の期間の末日の翌日から期間の定めのない労働契約に転換されます。ただし、有期雇用特別措置法による特例の対象となる場合は、この「5年」という期間は、本通知書の「契約期間」欄に明示したとおりとなります。

Employee (signature) _____
受け取り人（署名）

* Matters other than those mentioned above shall be in accordance with the labor regulations of our company.
※以上のほかは、当社就業規則による。
* The issuance of this Notice shall serve as the "clear indication of working conditions" stipulated in Article 15 of the Labor Standards Act and "delivery of documents" stipulated in Article 6 of the Act on Improvement etc. of Employment Management for Part-Time Workers.
※本通知書の交付は、労働基準法第15条に基づく労働条件の明示及び短時間労働者の雇用管理の改善等に関する法律第6条に基づく文書の交付を兼ねるものであること。
* The notice on labor conditions shall be retained for the purpose of preventing any possible disputes between employees and an employer.
※労働条件通知書については、労使間の紛争の未然防止のため、保存しておくことをお勧めします。

資料出所：厚生労働省「外国人労働者向けモデル労働条件通知書（英語）」

83

文　献

1 ） ACROSEED グループ 佐野誠・岡島理人・秋山周二・西澤毅『必要な知識と手続きが
　　すべてわかる！ 外国人雇用マニュアル』すばる舎リンゲージ、2010年。
2 ） 中西優一郎『図解 トラブルを防ぐ！ 外国人雇用の実務』同文舘出版、2014年。

（加藤　香佳子）

第3章 労務管理

Q26 「低賃金の外国人労働者紹介」の広告、注意点は？

人手不足で困っているのですが、高い賃金を支払うこともできません。「安い賃金で働く外国人を紹介する」との広告を見つけたのですが、話を聞くに際して注意すべきことは何ですか。

外国人労働者にも職業安定法、労働者派遣法、最低賃金法が適用。

◇ 労働者の紹介という活動内容そのものについて

「労働者を紹介する」という活動そのものについては、職業安定法、労働者派遣法に以下の規制があり、これらは当該労働者が外国人である場合にも当然適用されます。

(1) 職業紹介事業（＝求人及び求職の申込みを受け、求人者と求職者との間における雇用関係の成立をあっせんすること）は無料・有料を問わず許可制（職業安定法30条1項、33条1項）。ただし、学校教育法上の「学校」等の教育機関、商工会議所・農協等の一定の法人が行う無料職業紹介事業は届出制（同法33条の2、3）。
(2) 労働者供給事業（＝供給契約に基づいて労働者を他人の指揮命令を受けて労働に従事させること）の原則禁止（同法44条）。
(3) 労働者派遣事業（＝自己の雇用する労働者を、当該雇用関係の下に、かつ、他人の指揮命令を受けて、当該他人のために労働に従事させること）は許可制（労働者派遣法5条）。

したがって、当該広告主による「外国人を紹介する」という行為が、無許可職業紹介事業・労働者供給事業・無許可労働者派遣事業に該当する場合には、そもそも打診に応じることはできません。

85

◇ 賃金の最低水準について

　最低賃金法は都道府県ごとに、あるいは特定産業について賃金の最低額を保障する法律であり、最低賃金額に達しない賃金を定めた場合には、最低賃金額と同様の定めをしたものとみなされます（4条2項）。この規制は外国人労働者にも当然に適用があります。したがって、当該外国人が仮に安い賃金額で納得していたとしても、最低賃金額については当然に支払う必要があります。

◇ 不法就労の可能性について

　日本の外国人在留制度の下では、入管法別表第1の在留資格を有する外国人についてはそれに相応した活動が認められますが、ここでは賃金の安い単純作業は想定されていません。職種を問わず就労が認められるのは別表第2の「永住者」、「日本人の配偶者等」、「永住者の配偶者等」、「定住者」のみですが、これらの外国人はあえて通常より安い賃金額で働く必要性がありません。その他、留学等の在留資格を有する外国人が資格外活動許可を得た場合には賃金の安い単純作業でも就労できることがありますが、この場合には週28時間以内といった制限が存在します。

　したがって、当該外国人が安い賃金額でも就労したいとあえて申し出る場合には、在留資格のない外国人による就労、就労許可のない在留資格の外国人による就労、あるいは入国管理局から就労を認められた範囲を超える就労である可能性があります。仮にそうであった場合には、当該外国人の労働は不法就労となり、当該外国人に不利益が生じるのみならず事業主自体にも刑事罰が科せられる可能性があります（Q54参照）。

　なお、当該外国人が低賃金での労働を強要されている場合には、強制労働を目的とした人身取引である可能性もあります。人身取引とは「営利、わいせつ又は生命若しくは身体に対する加害の目的で、人を略取し、誘拐し、若しくは売買し、又は略取され、誘拐され、若しくは売買された者を引き渡し、収受し、輸送し、若しくは蔵匿すること」（入管法2条7号イ）、「イに掲げ

るもののほか、営利、わいせつ又は生命若しくは身体に対する加害の目的で、18歳未満の者を自己の支配下に置くこと」（同ロ）、「イに掲げるもののほか、18歳未満の者が営利、わいせつ若しくは生命若しくは身体に対する加害の目的を有する者の支配下に置かれ、又はそのおそれがあることを知りながら、当該18歳未満の者を引き渡すこと」（同ハ）と定義され、そのために日本国に在留している外国人については、上陸特別許可事由・在留特別許可事由となるなど、人道上の配慮がなされています（同法12条1項2号、50条1項3号）。この場合には、広告主は「略取され、誘拐され、又は売買された者を所在国外に移送した者」として被略取者等所在国外移送罪（刑法226条の3）に該当する可能性があり、そのような者の「外国人を紹介する」という申し出に応じるべきでないことは当然として、捜査機関への通報等の人道的な対応が望まれます。

（伊藤 崇）

2　社会保険の手続

社会保険、外国人と日本人で違いは？

外国人を雇用する場合と、日本人を雇用する場合とで、社会保険に違いはありますか？

 原則、日本人と同じ取扱い。

労働保険、社会保険とも原則として、日本人と同じ条件で加入します。

◇ 労働保険

労働保険とは、労災保険と雇用保険の2つをまとめたときの呼称です。労災保険は、業務上または通勤上の災害による傷病に対する補償です。雇用保険は、離職した場合の生計維持を目的とした所得保障となります。

労災保険は、会社に雇用されている従業員であれば、国籍や雇用形態を問わず、対象となります。なお、不法就労の外国人であっても、労災認定されれば、労災保険が適用されます。

雇用保険は、1週間の所定労働時間が20時間以上で、かつ31日以上の雇用継続の見込みがある従業員が加入対象となります。

◇ 社会保険

社会保険とは、健康保険、介護保険、厚生年金保険等をまとめた呼称です。日本人と同様に、加入要件に該当すれば、加入しなければなりません。ただし、日本と社会保障協定を結んでいる国から来ている外国人は、母国で社会保障制度に加入していれば（本国から出向などの形で派遣される場合など）、

第3章　労務管理

日本の社会保険に加入する必要がない場合があります。

◇ 社会保障協定とは

社会保障協定は、以下の2つの目的のために締結されています。

（1）二重加入の防止

「保険料の二重負担」を防止するために加入するべき制度を2国間で調整する。

（2）年金加入期間の通算

保険料の掛け捨てとならないために、日本の年金加入期間を協定を結んでいる国の年金制度に加入していた期間とみなして取り扱い、その国の年金を受給できるようにする。

平成30年8月時点での協定国は、**図表1**のとおりです。

■図表1　各国との社会保障協定発効状況

協定が発効済の国	ドイツ　イギリス　韓国　アメリカ　ベルギー　フランス　カナダ　オーストラリア　オランダ　チェコ（※）　スペイン　アイルランド　ブラジル　スイス　ハンガリー　インド　ルクセンブルク　フィリピン
署名済未発効の国	イタリア　スロバキア　中国

（注）イギリス、韓国、イタリア及び中国については、「保険料の二重負担防止」のみです。

（※）2018年8月に現行協定の一部改正

資料出所：日本年金機構「社会保障協定」（更新日：2018年8月1日）

また、社会保障協定の内容は、社会保険（年金と健康保険）のみ、社会保険と雇用保険、年金のみ等、相手国により異なります。日本で働く場合は、年金のみが対象となるところがほとんどです。詳細は**図表2**のとおりです。

89

■図表2　社会保障協定の内容

相手国	協定発効年月	期間通算	二重防止の対象となる社会保障制度	
			日本	相手国
ドイツ	平成12年2月	○	公的年金制度	公的年金制度
イギリス	平成13年2月	-	公的年金制度	公的年金制度
韓国	平成17年4月	-	公的年金制度	公的年金制度
アメリカ	平成17年10月	○	公的年金制度 公的医療保険制度	社会保障制度（公的年金制度） 公的医療保険制度（メディケア）
ベルギー	平成19年1月	○	公的年金制度 公的医療保険制度	公的年金制度 公的医療保険制度 公的労災保険制度 公的雇用保険制度
フランス	平成19年6月	○	公的年金制度 公的医療保険制度	公的年金制度 公的医療保険制度 公的労災保険制度
カナダ	平成20年3月	○	公的年金制度	公的年金制度 ※ケベック州年金制度を除く
オーストラリア	平成21年1月	○	公的年金制度	退職年金保障制度
オランダ	平成21年3月	○	公的年金制度 公的医療保険制度	公的年金制度 公的医療保険制度 雇用保険制度
チェコ	平成21年6月 （※）	○	公的年金制度 公的医療保険制度	公的年金制度 公的医療保険制度 雇用保険制度
スペイン	平成22年12月	○	公的年金制度	公的年金制度
アイルランド	平成22年12月	○	公的年金制度	公的年金制度
ブラジル	平成24年3月	○	公的年金制度	公的年金制度
スイス	平成24年3月	○	公的年金制度 公的医療保険制度	公的年金制度 公的医療保険制度 雇用保険制度
ハンガリー	平成26年1月	○	公的年金制度 公的医療保険制度	公的年金制度 公的医療保険制度 雇用保険制度
インド	平成28年10月	○	公的年金制度	公的年金制度
ルクセンブルク	平成29年8月	○	公的年金制度 公的医療保険制度	公的年金制度 公的医療保険制度 公的労災保険制度 公的雇用保険制度
フィリピン	平成30年8月	○	公的年金制度	公的年金制度
イタリア	発効準備中	-	公的年金制度 公的雇用保険制度	公的年金制度 公的雇用保険制度
スロバキア	発効準備中	○	公的年金制度	公的年金制度 公的労災保険制度 公的雇用保険制度
中国	発効準備中	-	公的年金制度	公的年金制度

（※）平成30年8月に現行協定の一部改正
（注）協定発効年月が「準備中」となっているものについては、発効時期が決まっておらず、具体的な手続きを相手国と調整中です。ホームページには具体的な取扱いが反映されていません。ご留意ください。

資料出所：日本年金機構「協定を結んでいる国との協定発効時期及び対象となる社会保障制度」

（更新日：2018年6月27日）

◇ 外国人を雇用したときに会社が行う手続

　社会保障協定の対象となる場合を除き、労働保険、社会保険ともに原則として日本人と同じ手続を取りますが、外国人雇用の際に特に注意を要する点と併せて、会社が行う手続を一覧にまとめたものが**図表3**です。

■図表3　外国人を雇用したときに会社が行う手続

提出書類	届出先	注意点など
雇用保険被保険者資格取得届	管轄ハローワーク	備考欄に外国人の国籍・在留資格・在留期間・資格外活動の有無などを記載します。
雇入れ・離職に係る外国人雇用状況届出書（図表4）	管轄ハローワーク	雇用保険に加入しない外国人の国籍・在留資格・在留期間・資格外活動の有無などを記載します。
健康保険・厚生年金保険被保険者資格取得届	管轄年金事務所	基礎年金番号がわからない場合や年金手帳を紛失した場合は、年金手帳再交付申請書を提出します。
健康保険被扶養者届	管轄年金事務所	健康保険の被扶養者がある場合
国民年金第3号被保険者該当届	管轄年金事務所	被扶養配偶者がある場合
ローマ字氏名届	管轄年金事務所	在留カード（または特別永住者証明書）または住民票に記載されているローマ字氏名を記載します。

■図表4　雇入れ・離職に係る外国人雇用状況届出書

(日本工業規格A列4)

様式第3号（第10条関係）（表面）

雇　　　入　　　れ
離　　　　　職　に係る外国人雇用状況届出書
平成19年10月1日時点で
現に雇い入れている者

フリガナ（カタカナ） ①外国人の氏名 （ローマ字）	姓	名	ミドルネーム
②①の者の在留資格		③①の者の在留期間 （期限） （西暦）	年　　月　　日 まで
④①の者の生年月日 （西暦）	年　　月　　日	⑤①の者の性別	1 男 ・ 2 女
⑥①の者の国籍・地域		⑦①の者の資格外 活動許可の有無	1 有 ・ 2 無

雇入れ年月日 （西暦）	年　　月　　日	離職年月日 （西暦）	年　　月　　日
	年　　月　　日		年　　月　　日
	年　　月　　日		年　　月　　日

雇用対策法施行規則第10条第3項・整備省令附則第2条の規定により上記のとおり届けます。

平成　　　年　　　月　　　日

事業主	事業所の名称、 所在地、電話番号等	雇入れ又は離職に係る事業所	雇用保険適用事業所番号 □□□□-□□□□□□-□
		（名称） （所在地） 主たる事務所 （名称） （所在地）	①の者が主として就労する の事業所で就労する場合 □ T E L T E L
	氏名		㊞

社会保険 労務士 記載欄	作成年月日・提出代行者・事務代理者の表示	氏名 ㊞	公共職業安定所長　殿

文　献

1）ACROSEEDグループ 佐野誠・岡島理人・秋山周二・西澤毅『必要な知識と手続きがすべてわかる！ 外国人雇用マニュアル』すばる舎リンゲージ、2010年。

2）中西優一郎『図解 トラブルを防ぐ！ 外国人雇用の実務』同文舘出版、2014年。

（加藤 香佳子）

第3章 労務管理

Q28 外国人従業員の社会保険加入拒否、対応は？

「社会保険料を控除されると手取りが少なくなるから、社会保険に加入したくない」と外国人従業員からいわれました。社会保険に加入しなくても問題ありませんか。雇用契約ではなく、請負契約や個人事業主という形を取れば社会保険加入手続を取らなくても大丈夫ですか。

 社会保険加入は義務。

社会保険の加入は、法令で義務付けられています。加入要件に該当すれば、加入する義務があります。

◇ 外国人であっても原則として加入

外国人の中には、賃金から天引きされる社会保険料が自国の保険料に比べて割高と感じたり、年金の必要性を感じないなど、さまざまな理由から、社会保険の適用を望まない人もいます。しかしながら、適用除外の要件にあてはまらない限り、社会保険は、労働者が任意で加入・非加入を選択することはできません。

外国人の希望を聞き入れて、加入手続を行わなかったり、実態は労働契約であるにもかかわらず、外国人を個人事業主とみなし、請負契約を結ぶことは、企業側が法的責任を追及されることになります。

◇ わかりやすい説明と加入のメリット

採用の時点から外国人には、日本の会社で働く人は外国人・日本人を問わず、要件に該当すれば社会保険に加入する義務があることや、賃金から控除される保険料（図表参照）についてわかりやすく説明をする必要があります。

社会保険のうち、健康保険については、治療費のほか、病気や怪我、出産

等で会社を休んだ場合に生活保障のための給付金制度（傷病手当金や出産手当金）があり、働けないときの所得保障があるなど、メリットを伝えます。

　特に年金保険については、自国で受け取ることができない、老後の年金のみと考えていることが少なくありません。そのため、掛け捨てになることを嫌い、不満に思う人もいます。

　外国人には、年金保険について、老齢年金のほか、病気や事故などにより障害の状態になったときに支給される障害年金、年金加入中に本人が亡くなった場合その遺族に支払われる遺族年金などの所得保障があることと、短期間で帰国した場合は脱退一時金の制度（Q29参照）があることを説明します。

　また、老齢年金を受け取るために必要な資格期間（保険料納付済期間と国民年金の保険料免除期間などを合算した期間）が、これまでは原則として25年以上でしたが、平成29年8月1日からは、10年以上に短縮されましたので、年金を受給できる可能性は高まっています。

■図表　毎月の賃金から引かれる保険料など

社会保険	健康保険料	本人や家族が病気や怪我のときに、医療費を3割で受けることができる保険 賃金額に応じて保険料が決まります。
	介護保険料	将来、介護が必要になったときに介護保険サービスを受けるための保険 賃金額に応じて保険料が決まります。
	厚生年金保険料	老齢、障害、死亡したときに受け取ることができる保険 賃金額に応じて保険料が決まります。
労働保険	雇用保険料	失業したときや、育児休業などで会社を休んだ場合に受け取ることができる保険 賃金額に応じて保険料が決まります。
税金	所得税	給与所得に対する税金で、会社が本人に代わって国に納めます。 賃金額により税額が決まります。
	住民税	1月1日現在、居住者として日本に住んでいた場合に住民税がかかります。 所得税の課税額を参考にして、税額が決まります。

サイト
東京都産業労働局「外国人労働者ハンドブック（英語版）」
http://www.hataraku.metro.tokyo.jp/sodan/siryo/29eigoall.pdf

文　献

1 ）ACROSEED グループ 佐野誠・岡島理人・秋山周二・西澤毅『必要な知識と手続きが
　　すべてわかる！ 外国人雇用マニュアル』すばる舎リンゲージ、2010年。
2 ）中西優一郎『図解 トラブルを防ぐ！外国人雇用の実務』同文舘出版、2014年。

（加藤　香佳子）

Q29 退職した外国人、年金保険料の返還は可能？

外国人を雇用しましたが、1年で退職し、帰国することになりました。これまで支払っていた国民年金や厚生年金の保険料を返してほしいというのですが、可能ですか。

脱退一時金受給の可能性あり。

　厚生年金や国民年金に加入していた外国人が、日本を出国した場合、日本に住所を有しなくなった日から2年以内に請求した場合は、要件によって脱退一時金を受給することができます。

◇ 脱退一時金の請求

　脱退一時金は、短期滞在の外国人を対象に、年金保険料の掛け捨てを防止するために、外国人が日本を出国した場合、日本に住所を有しなくなった日から2年以内に請求すれば、年金保険料の一部が払い戻される制度です。以前は出国してから請求しなければなりませんでしたが、平成29年3月からは、転出届を市区町村に提出すれば、住民票転出（予定）日以降に日本国内での請求が可能となりました。

　なお、脱退一時金を受け取ると、その計算の基礎となった期間は年金に加入していた期間ではなくなります。日本と年金加入期間通算の協定を締結している相手国の年金加入期間がある場合、日本と相手国の加入期間が通算されますが、脱退一時金を請求した期間は通算されなくなりますので、注意が必要です。

　また、平成29年8月から、老齢年金の受給資格期間が25年から10年に短縮されましたので、10年以上の受給資格期間がある人は、脱退一時金を受け取ることができません。

96

第3章　労務管理

◇ 脱退一時金の詳細

　国民年金、厚生年金保険それぞれの脱退一時金について、要件や金額などをまとめたものが**図表1、2**です。

■図表1　国民年金の脱退一時金

要件	①国民年金第1号被保険者保険料納付期間（免除期間も含むが計算式あり）が6月以上あること ②日本国籍を有しないこと ③老齢基礎年金の受給資格期間を満たしていないこと ④国民年金の被保険者でないこと
該当しない場合	①国民年金の被保険者となっているとき ②日本国内に住所を有するとき ③障害基礎年金などの年金を受けたことがあるとき ④最後に国民年金の資格を喪失した日から2年以上経過しているとき （ただし、資格を喪失した日に日本国内に住所を有していた人は、同日後に初めて、日本国内に住所を有しなくなった日から2年を起算します）

脱退一時金額	対象月数	脱退一時金額					
		平成30年4月から平成31年3月までの間に保険料納付済期間を有する場合の受給金額	平成29年4月から平成30年3月までの間に保険料納付済期間を有する場合の受給金額	平成28年4月から平成29年3月までの間に保険料納付済期間を有する場合の受給金額	平成27年4月から平成28年3月までの間に保険料納付済期間を有する場合の受給金額	平成26年4月から平成27年3月までの間に保険料納付済期間を有する場合の受給金額	平成25年4月から平成26年3月までの間に保険料納付済期間を有する場合の受給金額
	6月以上12月未満	49,020円	49,470円	48,780円	46,770円	45,750円	45,120円
	12月以上18月未満	98,040円	98,940円	97,560円	93,540円	91,500円	90,240円
	18月以上24月未満	147,060円	148,410円	146,340円	140,310円	137,250円	135,360円
	24月以上30月未満	196,080円	197,880円	195,120円	187,080円	183,000円	180,480円
	30月以上36月未満	245,100円	247,350円	243,900円	233,850円	228,750円	225,600円
	36月以上	294,120円	296,820円	292,680円	280,620円	274,500円	270,720円

■図表2　厚生年金保険の脱退一時金

要件	①厚生年金保険・共済組合等の加入期間の合計が6月以上あること ②日本国籍を有しないこと ③老齢厚生年金などの年金の受給権を満たしていないこと
該当しない場合	①国民年金の被保険者となっているとき ②日本国内に住所を有するとき ③障害厚生年金などの年金を受けたことがあるとき ④最後に国民年金の資格を喪失した日から2年以上経過しているとき （ただし、資格を喪失した日に日本国内に住所を有していた人は、同日後に初めて、日本国内に住所を有しなくなった日から2年を起算します）
脱退一時金額	被保険者であった期間の平均標準報酬額 × 支給率* ＊支給率：最終月（資格喪失した日の属する月の前月）の属する年の前年10月（最終月が1～8月であれば、前々年10月）の保険料率×1/2×係数 表 〈参考例〉3年間日本で働いた外国人 毎月の賃金：300,000円×36月＝10,800,000円 夏・冬ボーナス：200,000円×6回＝1,200,000円 平均標準報酬額：（10,800,000円＋1,200,000円）÷36月＝333,333…円 脱退一時金：333,333…円×18.182%（仮に平成28年10月の保険料率とした場合） 　　　　　　　　　　　　　　　　　　　　　×1/2×36≒1,090,920円

被保険者期間	係数
6月以上12月未満	6
12月以上18月未満	12
18月以上24月未満	18
24月以上30月未満	24
30月以上36月未満	30
36月以上	36

文　献

1） ACROSEEDグループ 佐野誠・岡島理人・秋山周二・西澤毅『必要な知識と手続きがすべてわかる！ 外国人雇用マニュアル』すばる舎リンゲージ、2010年。

2） 中西優一郎『図解 トラブルを防ぐ！ 外国人雇用の実務』同文舘出版、2014年。

（加藤 香佳子）

第3章 労務管理

Column

クラウドワーキングとグローバリゼーションをめぐる問題

　雇用の基本は、無期契約・直接雇用・フルタイムといわれます。雇用主と従業員が所在する国も同じであるのが通常です。しかし、情報通信技術の発達や経済・労働市場のグローバル化により雇用の基本原則や働き方に対する常識は激変しつつあります。その１つがクラウドワーキングという働き方です。シェアリングエコノミー、ギグエコノミー、ワーク・オン・ディマンド・バイア・アップスなどと呼ばれることもあります。個人がオンラインサイトやアプリを通じて、直接、企業や個人から仕事を受注するシステムです。Airbnb（エアビーアンドビー）などの民泊やUber（ウーバー）、Lyft（リフト）、Grab（グラブ）などのライドシェアなどが代表的なものです。

　例えばウーバーなどは、利用者がいったんアプリをダウンロードすれば、世界中でサービスを受けることができ、タクシーよりも料金が低額かつ一定で、行き先と現在地を入力すれば簡単に利用できる便利なサービスです。サービスを提供する労働者にとっても自己の資源を有効に活用しながら、好きなときに、好きな場所で、収入を得ることができます。社会全体にとっても就労機会の創出というメリットがあります。日本ではライドシェアについては認可されていませんが、すでにデータ入力、ライター、買い物代行などでクラウドワーキングという働き方が広がり、仲介業者も存在します。

　こうした働き方のもとでは、労働者と利用者との関係は「請負」であり「雇用」ではないとされます。仲介業者やアプリ運営会社と労働者との法的関係も不明確です。労働者はあくまでも個人事業主として扱われ、社会保険料は全額自己負担となり、ガソリン代などの必要経費も自己負担、収入も安定せず、低賃金労働者も多く、大きな社会問題になっている国もあります。

　例えば、アメリカではウーバー社が、「労働者性」を主張する登録ドライ

バーから、必要経費の支払いなどを求めて数百億ドルの集団訴訟を複数の州で提起されました。またイギリスでも、ロンドン交通局が安全上の問題を理由に平成29年9月30日以降、ウーバー社の都市部における営業免許の更新を拒否しており*、さらに11月10日、労働高等裁判所は、19人のドライバーを代表して2人のドライバーが最低賃金や有給休暇の保障を求めて労働者性を争った裁判で、ドライバーの主張を認め、ウーバー社に最低賃金と有給休暇の保障を命じる決定を下しています。

　創設者で元・最高経営責任者のトラビス・カラニック氏ら役員に対する個人責任を追及する裁判も起こされています。ウーバー社は、ドライバーは個人事業主だとして労働者性を否定する主張を繰り返していますが、平成28年4月には、カリフォルニア州とマサチューセッツ州の38万5000人のドライバーに対し、総額1億ドルの和解金の支払いを提示しています（ただし、地方裁判所がこの和解案を不公正として受け入れませんでした）。平成27年にはカリフォルニア州労働省が、ドライバーの労働者性を認め、ウーバー社に必要経費の支払い命令を下しています。さらにカリフォルニア州失業保険異議委員会（California Unemployment Insurance Appeals Board）も、ドライバーの労働者性を認め、失業保険を受給する資格があるという決定を下しています。カラニック氏は、かつて時代の寵児として羨望の的でしたが、現在はCEOを辞任しています。

　安倍政権は「未来投資戦略2018」を閣議決定し、「シェアリングエコノミーについて、消費者等の安全を守りつつ、イノベーションと新ビジネス創出を促進する観点から、その普及促進を図る」としています。しかし、アメリカでのウーバー社に対する裁判や社会的非難の現状を見ると、健全な雇用やビジネスの創出とはいえず、企業にとっても、労働者にとっても、大きな損失をもたらす危険があります。

　経済産業省が平成29年3月に発表した「『雇用によらない働き方』に関する研究会報告書」は「雇用によらない働き方の年収」は100万円未満が6.9％、100万円から199万円が11.5％、200万円から299万円が15.1％であり、300万円未満が33.5％を占め（13頁）、またシェアリングエコノミーを顧客獲得の主な手段とした層の6割は年収が200万円未満である（14頁）と報告しています。国際労

＊　その後、ロンドンの治安判事裁判所は、ウーバー社に必要な改善があったとして、平成30年6月26日付で15か月間の営業許可を付与する決定を下しています。

働機関（ILO）は、労働者の非正規化が全世界的に進み、低賃金、不安定雇用、社会保障からの脱漏という大きな弊害が生じていることに警笛を鳴らしています。中でも「ギグエコノミー」については、利便性や雇用創出効果が強調される一方、労働者の権利がないがしろにされる傾向があることに懸念を示しています。

　クラウドワーキングについては、労働者性の問題のみならず、紛争が生じた場合の、裁判管轄や準拠法の問題もあります。近時、IT技術者を中心に、リモートワーキングや在宅勤務のグローバル化が進み、海外の企業が複数の国々に散らばる在宅勤務の労働者を雇月しています。労働者は成果物をクラウド上にアップし、世界に点在する同僚らとの会議はSkypeで行います。突然、メールで解雇通告されることも珍しくありません。不当解雇を争う場合に、どの国の裁判所の、どの国の労働法が適用されるのかという相談も増えつつあります。

　情報通信技術の発達や経済のグローバル化はサービスの多様化と利便性の向上、柔軟な働き方や就労機会の創出というプラスの効果をもたらします。しかし、労働者の権利を守る視点や必要な法整備が欠けると結局、企業、労働者、ひいては社会全体に大きなダメージをもたらすことになるのではないでしょうか。

（板倉 由実）

3　就業規則

Q30 外国人従業員への就業規則の周知、注意点は？

就業規則は従業員に周知しなければならないものですが、日本語がよくわからない外国人従業員がいる場合、日本語で書いた就業規則を備えておくだけではだめですか。

 日本語で記載された就業規則を備えるだけでは不十分。

◇ 就業規則の周知義務

　労働基準法106条1項は、事業者に対して就業規則の周知義務を規定し、同法施行規則52条の2は、その周知方法について以下の方法を定めています。

(1) 常時各作業場の見やすい場所へ掲示し、又は備え付けること。
(2) 書面を労働者に交付すること。
(3) 磁気テープ、磁気ディスクその他これらに準ずる物に記録し、かつ、各作業場に労働者が当該記録の内容を常時確認できる機器を設置すること。

　このように労働基準法・同施行規則上は、外国人労働者に対する就業規則の周知方法について日本人労働者と異なる具体的な規定があるわけではありません。
　しかし、労働者は、就業規則を理解できなければ守ることはできませんので、就業規則の周知方法は形式的なものでは足りず、実際的、現実的に従業

員が就業規則の内容を認識・理解できる方法で周知することが求められているといえます。

そのため、日本語がよくわからない従業員がいるにもかかわらず、日本語で書いた就業規則を備えておくだけでは、就業規則の周知義務を果たしたことにはならないでしょう。

◇ 厚生労働省の「外国人指針」

また、厚生労働省は、平成19年8月3日付で「外国人指針」（適用日は同年10月1日）を発表しています。

この指針の中でも、「労働条件の明示」や「労働基準法等関係法令の周知」については、「当該外国人労働者が理解できるようその内容を明らかにした書面を交付すること」、「分かりやすい説明書を用いる等外国人労働者の理解を促進するため必要な配慮をするよう努めること」などと規定されており、事業主は、外国人労働者が労働条件、関係法令の内容について実質的な理解ができるよう努めることが規定されています。

したがって、上記指針の要請からも、日本語がよくわからない外国人従業員がいる場合には、該当従業員の理解できる言語で、就業規則を翻訳したり、説明の機会を設けるなど、外国人従業員が就業規則について実質的に理解できる環境を整備することが求められているといえるでしょう。

◇ 周知義務を怠る不利益

なお、フジ興産事件において最高裁判所は、「就業規則が法的規範としての性質を有するものとして、拘束力を生ずるためには、その内容を適用を受ける事業場の労働者に周知させる手続が採られていることを要するものというべきである」と判示し、就業規則は、周知義務を果たして初めて法規範性を有するとしました*。また、平成20年3月1日から施行された労働契約法

---

*　フジ興産事件・最高裁第二小法廷平成15年10月10日判決、判タ1138号71頁。

7条も「労働者及び使用者が労働契約を締結する場合において、使用者が合理的な労働条件が定められている就業規則を労働者に周知させていた場合には、労働契約の内容は、その就業規則で定める労働条件によるものとする」と規定するに至っています。

したがって、就業規則の周知を怠っていると懲戒処分をする場合や労働条件についての争いが生じた場合、就業規則の規定を主張できず事業主に不利益が及ぶ可能性があります。

日本語の理解できない外国人従業員がいる場合には、その従業員が理解できる言語により、就業規則の内容を十分説明しておくことが最低限必要といえるでしょう。

（細田 健太郎）

第3章 労務管理

 国籍による労働条件の差は違法？

外国人と日本人とで労働条件に差を設けることは違法ですか。

 国籍を理由とする差別的取扱いは許されない。

◇ 均等待遇の原則

　労働基準法3条は、「使用者は、労働者の国籍、信条又は社会的身分を理由として、賃金、労働時間その他の労働条件について、差別的取扱をしてはならない」と規定しています（均等待遇の原則）。

　この均等待遇の原則は、事業者が労働者の国籍を理由として、他の労働者とは異なる差別的な取扱いを行うことを禁じていますので、外国人と日本人とで労働条件に差を設けることは同条違反となる可能性があります。

　もっとも、同条が禁止する「差別的取扱」とは、労働条件に差を設けること一般を意味するものではなく、合理的理由もなく、もっぱら国籍を理由として異なる取扱いをしていることを意味するものと裁判例では解されています。したがって、合理的理由に基づいて外国人と日本人との労働条件に差が設けられている場合は、違法とされるわけではありません。

　例えば、所得水準の低い国の外国人労働者の賃金を日本人労働者より低廉な賃金に設定することは合理的理由がないとして違法とされる可能性が高いでしょう。これに対して、外国人客に対する接客が求められる時間帯の勤務について、外国人労働者に対して優先的にシフトを組むような取扱いは、合理的な理由があるとして、「差別的取扱」にあたらないと解される可能性が高いと思われます。

105

◇「国籍」による差別が問題となった事件

　「国籍」を理由とする労働基準法3条違反が問題となった事件としては、以下のようなものがあります。

　東京国際学園事件は、外国語専門学校の教員が、外国人教員については期間の定めのある嘱託社員としての採用しか予定していないことが、憲法14条、労働基準法3条に違反している等、主張した事件です。

　この事件では、外国人教員にとって魅力ある賃金を提供するため、外国人教員を期限の定めのある嘱託社員として扱う一方、従来の賃金体系より高額の賃金を提供していたという事情があったため、裁判所は、外国籍または人種による明らかな差別であると認めることはできないと判断しています[*1]。

　また、デーバー加工サービス事件は、外国人研修・技能実習制度に基づき来日し、工場での鉄筋加工の業務に従事していた中国人研修生・技能実習生が、支払われている賃金等の額が日本人従業員の賃金額よりも著しく低廉であるのは労働基準法3条に違反する等、主張した事件です。

　裁判所は、研修生・技能実習生が必ずしも十分な日本語能力を有せず、日本人従業員と完全に同等の業務遂行能力を有していたとはいえないこと、事業者は、外国人研修生・技能実習生を受け入れるために有形無形の負担をしていることなどを考慮し、外国人研修生・技能実習生に対する賃金としては合理的な範囲内のものとして、労働基準法3条違反の主張を退けています[*2]。

　一方、ナルコ事件は、外国人研修生として工場で勤務していた中国人研修生が、住宅費控除について、日本人従業員よりも高い金額を控除する使用者の取扱いは労働基準法3条に違反する等、主張した事件ですが、この事件について一審の裁判所は、中国人研修生と日本人従業員との間で住宅費控除の金額が異なる根拠について詳細に検討した上、使用者の当該住宅費控除の取扱いは不平等なものであって合理性を欠き、労働基準法3条に違反すると判

---

*1　東京国際学園事件・東京地裁平成13年3月15日判決、労判818号55頁。
*2　デーバー加工サービス事件・東京地裁平成23年12月6日判決、労判1044号21頁。

断しています[3]。なお、本件は、その後、高裁において和解が成立しています。

（細田 健太郎）

---

*3　ナルコ事件・名古屋地裁平成25年2月7日判決、労判1070号38頁。

Column

「同一労働同一賃金原則」と日本の雇用慣行

　政府はあらゆる場で誰もが活躍できる全員参加型の社会を目指し、具体的政策ビジョンとして平成28年6月2日に「ニッポン一億総活躍プラン」を閣議決定しました。柱の1つとして掲げるのが「働き方改革」です。働き方改革9つのテーマとして、①同一労働同一賃金など非正規雇用の処遇改善、②賃金引上げと労働生産性の向上、③長時間労働の是正、④再就職支援・人材育成、⑤柔軟な働き方（テレワーク、副業・兼業など）、⑥女性・若者が活躍しやすい環境整備、⑦高齢者の就業促進、⑧病気の治療・子育て・介護と仕事の両立、⑨外国人材の受入れを掲げています。

　中でも非正規雇用の処遇改善を目指した「同一労働同一賃金」については、「働き方改革を推進するための関係法律の整備に関する法律」が平成30年7月6日に公布されました。均等待遇の原則については、労働基準法3条が「労働者の国籍、信条又は社会的身分」による賃金、労働時間、その他の労働条件に関する差別を禁止しています。しかし、外国人労働者の多くが、有期雇用、短時間労働、派遣労働などの非正規雇用形態で就労していることを考えると、外国人労働者を雇用する事業主としては、非正規雇用の処遇改善や雇用形態間の均等・均衡待遇に関する法律を知ることが必要です。

　非正規雇用は、有期雇用、短時間労働、派遣労働の3つが主な雇用形態であり、これまではそれぞれ異なる法律で「均等・均衡待遇の原則」を定めていました。改正法では、有期雇用労働者と短時間労働者については同一の法律に一本化されています。法律の題名も「短時間労働者及び有期雇用労働者の雇用管理の改善等に関する法律」に改められました。

　均衡待遇（不合理な待遇の禁止）として「事業主は、その雇用する短時間・有期雇用労働者の基本給、賞与その他の待遇のそれぞれについて、当該待

遇に対応する通常の労働者の待遇との間において、当該短時間・有期雇用労働者及び通常の労働者の業務の内容及び当該業務に伴う責任の程度（以下「職務の内容」という。）、当該職務の内容及び配置の変更の範囲その他の事情のうち、当該待遇の性質及び当該待遇を行う目的に照らして適切と認められるものを考慮して、不合理と認められる相違を設けてはならない」と定めています（改正法8条）。

均等待遇（差別的取扱いの禁止）については、「事業主は、職務の内容が通常の労働者と同一の短時間・有期雇用労働者……であって、当該事業所における慣行その他の事情からみて、当該事業主との雇用関係が終了するまでの全期間において、その職務の内容及び配置が当該通常の労働者の職務の内容及び配置の変更の範囲と同一の範囲で変更されることが見込まれるもの……については、短時間・有期雇用労働者であることを理由として、基本給、賞与その他の待遇のそれぞれについて、差別的取扱いをしてはならない」と定めています（改正法9条）。

従前の法律と異なるのは、旧パートタイム労働法9条にあった「賃金」という文言が削除され、「基本給、賞与その他の待遇のそれぞれ」という文言に変更ないし追加されたことです。従来の日本の雇用慣行は終身雇用を前提としており、給与や賃金は社会保障や福利厚生としての役割を果たしてきました。給与と一言でいっても、基本給のほか、役職手当、扶養手当などさまざまな手当が含まれていました。基本給は同じでも、手当を調整することにより、均等・均衡待遇原則が容易に潜脱でき、差別を温存することができました。

しかし、改正法では、対象となる個々の処遇ごとに、目的や性質に対応する考慮要素で、不合理な差別か否かを判断することになります。政府が提案する「同一労働同一賃金ガイドライン案」（平成28年12月20日）では、手当のうち精皆勤手当、時間外労働手当、深夜・休日労働手当、通勤・出張旅費、単身赴任手当や福利厚生の多くについては、無期雇用フルタイム労働者またはパートタイム労働者を同一に取り扱わなければならないと明記しています。また同ガイドライン案は「『無期雇用フルタイム労働者と有期雇用労働者又はパートタイム労働者は将来の役割期待が異なるため、賃金の決定基準・ルールが異なる』という主観的・抽象的説明では足りず、賃金の決定基準・ルールの違いについて、職務内容、職務内容・配置の変更範囲、その他の事情の客観的・具体的な実態に照らして不合理なものであってはならない」としています。なお、派遣労働者についても、派遣先の労働者との

均等・均衡待遇の原則が明文化されました。

　外国人労働者の受入れにより、雇用形態と人種・出身国などが結び付いた複合的差別の問題が顕在化する可能性もあります。例えばアメリカ労働省の平成29（2017）年の統計によると、正規雇用率は、男性52.3に対し女性47.7であり、男女間で大きな差はありません。非典型雇用においても派遣労働者（男性52.3、女性47.7）や日雇い労働者（男性52.5、女性47.5）では大きな男女差はなく、個人事業主（男性64.3、女性35.7）と業務請負労働者（男性67.0、女性33.0）についてはむしろ男性の占める割合が大きいとされます[1]。しかし、収入格差については、Institute for Women's Policy Researchの平成29（2017）年の調査によると、白人男性の収入を100とすると白人女性は81.9、黒人女性は67.7、ヒスパニック系女性が62.1となっており、女性と人種という複合差別が顕著であることがわかります[2]。低処遇や差別の背後には、社会的立場の弱さや不安定な雇用がありますが、外国人労働者は言葉、職歴、在留資格などの問題から転職が難しく、職を失うと在留資格も失う可能性があるなど、弱い立場にあります。「同一労働同一賃金原則」は職場のみならず、多文化共生社会における重要な理念といえるのかもしれません。

（板倉　由実）

＊1　United States Department of Labor, Bureau of Labor Statistics, "Table 6. Distribution of employed workers with alternative and traditional work arrangements by selected characteristics, May 2017," [https://www.bls.gov/news.release/conemp.t06.htm]（last visited August 28, 2018）.

＊2　Institute for Women's Policy Research, The Gender Wage Gap: 2017 Earnings Differences by Race and Ethnicity, [https://iwpr.org/publications/gender-wage-gap-2017-race-ethnicity/]（last visited August 28, 2018）.

Column

包括的差別禁止法とモザイク型の日本の労働法

　ビジネスのグローバル化に伴い人材活用もグローバル化しています。従前、日本における雇用差別事件といえば男女賃金差別・昇格差別など「性別」を理由とするものでした。しかし、今後は、人種や国籍、宗教を理由とする雇用差別に関する紛争も増加すると思われます。筆者の法律事務所（外国人相談専門部門）でも労働相談は離婚に次いで2番目に多く、「自分は外国人だから差別されている」と訴える相談者は珍しくありません。

　ところで、日本では雇用差別を禁止する法律としてはどのようなものがあるでしょうか。最も重要かつ基本的な法律は憲法です。日本国憲法14条1項は「すべて国民は、法の下に平等であって、人種、信条、性別、社会的身分又は門地により、政治的、経済的又は社会的関係において、差別されない」と規定しています。しかし、人種などを理由に差別されないのは「国民」に限定され、外国人は含まれていません。

　一方、労働法の分野では、労働基準法3条が「使用者は、労働者の国籍、信条又は社会的身分を理由として、賃金、労働時間その他の労働条件について、差別的取扱をしてはならない」と定めています。労働法において国籍や宗教を理由とする差別を禁止している唯一の法律といえるでしょう。なお、労働基準法3条には差別の理由として「性別」が含まれていません。性別による差別を禁止しているのは、労働基準法4条ですが、「賃金」についてのみ性別を理由とする差別的取扱いが禁止されており、その他の労働条件については言及されていません。

　差別を禁止する労働法としては「雇用形態」による不合理な差別を禁止するものがあります。現行法の労働契約法20条、また、働き方改革の関連で今般改正された有期・パートタイム労働法9条、改正後の労働者派遣法

30条の3などもこれにあたります。差別を禁止するという共通の目的を有していながら、差別の理由によって法律がモザイクのように細分化されており、不合理とされる差別の判断基準はそれぞれ異なっています。表現も複雑でとても理解しにくいため、全体的にとても使い勝手が悪いといえるでしょう。

　一方、移民の国、グローバル人材活用最前線にあるアメリカの雇用差別禁止法はどうでしょうか。雇用における差別を禁止する最も重要な連邦法が「タイトルセブン」（1964年公民権法第7編。Title VII of the Civil Rights Act of 1964）です。703条で人種、肌の色、宗教、性もしくは出身国を理由に、採用、報酬、期間、条件もしくは雇用上の特権について差別することを禁止するとともに（直接差別の禁止）、人種、肌の色、宗教、性もしくは出身国を理由に、雇用機会を奪ったり、奪う可能性のある方法あるいは従業員としての地位に不利益を及ぼす方法で従業員や候補者を制限、隔離、区分けすることを禁止しています（間接差別の禁止）。さらに704条は、その他の違法な雇用措置として、雇用差別に関する申立てをしたり、証言に協力したことを理由に報復措置をすることや、特定の人種や性別を優遇したり制限するなどの通知や広告も禁止されています（差別的通知・広告等の禁止）。いずれの規定も、雇用主のみならず、職業紹介所、労働組織（労働組合を含む）、研修プログラム（の実施機関）にも適用されます。さらにカリフォルニア州法である「カリフォルニア州公正雇用住宅法（通称：ラムフォード法）」は、人種、肌の色、宗教、性もしくは出身国に加え、祖先（家系）、身体的障害、精神的障害、婚姻の有無、性的指向（gender orientation）、性自認（gender identity）、性自認表現（gender expression）、年齢（40歳以上の人）、妊娠、出産、その他の理由に基づく雇用差別を包括的に禁止しています。ちなみに、アメリカには「雇用形態」を理由とする差別禁止規定はありません。アメリカでも労働者の非正規化は社会問題化しており、その中に人種による差別が内在しているといわれています。ただ、日本のように男女の違いは大きくないようです。アメリカの労働省は「非正規雇用に関する統計」を発表しています（110頁参照）。

（板倉　由実）

4 労働時間・休憩・休日・休暇

 労働時間の規制、外国人と日本人で違いは？

労働時間の規制に関し、外国人と日本人とで違いはありますか。

 原則として外国人と日本人で違いはない。

◇ 外国人にも労働基準法が適用

外国人も日本で働く場合は、労働基準法の適用を受けます。労働基準法32条は、休憩時間を除いて1日に8時間、1週に40時間を法定労働時間と定め、これを超えて労働をさせてはならないとしています。

したがって、事業者は、外国人に対しても原則として、この時間内で労働させることが求められます。

◇「留学」、「家族滞在」の在留資格者には注意

「留学」、「家族滞在」の在留資格をもって在留する外国人がアルバイト等の就労活動を行う場合には、特別な労働時間の規制がありますので注意が必要です。

「留学」、「家族滞在」の在留資格者は、原則として就労は認められていませんが、地方入国管理局で資格外活動の許可を受けることで就労が可能です。しかし、資格外活動の許可を受けて就労する場合でも、「留学」、「家族滞在」の在留資格者の労働時間は、原則として1週28時間までとされています。なお、「留学」の在留資格者は、在籍する教育機関が夏休み等の長期休業期間中については、1日8時間まで就労することができます。

したがって、事業主は、「留学」や「家族滞在」の在留資格をもって就労する外国人を雇用する場合には、事前に「在留カード」、「資格外活動許可書」などにより就労の可否及び就労可能な時間数を確認することが必要です。

　なお、従前は、「留学」と「就学」が区別され、「就学」の在留資格者は、就労可能時間が１日４時間までとされていました。しかし、法改正により平成22年７月１日以降は、「留学」の在留資格へと一本化され、現在では、従前「就学」の在留資格であった外国人も「留学」の在留資格者として取り扱われています。

（細田　健太郎）

外国人従業員の残業拒否、懲戒処分は？

外国人従業員が残業を拒否します。これを理由として懲戒処分をしたり、解雇をしたりすることはできますか。

 懲戒処分や解雇をすることができる場合もある。

◇ 従業員に残業を命ずることができる要件

　従業員に対して時間外労働義務を負わせるためには、①労働協約、就業規則等において時間外労働を根拠付ける規定があること、②その規定の内容が合理的であること、③36協定（労働基準法36条に基づく時間外労働・休日労働に関する協定）を締結し、労働基準監督署に届出をしていることが必要です*。

　なお、36協定の届出は、法定労働時間を超える時間外労働や法定休日における休日労働をさせる場合に必要なものですので、所定労働時間を超える残業であっても、法定の範囲内の労働であれば届出は必要ありません。

　これは外国人従業員であっても日本人従業員であっても異なるところはありません。したがって、事業主が、上記要件を満たした上で業務上の必要から残業を命じ、外国人従業員が正当な理由がないにもかかわらず残業を拒否する場合は、業務命令違反となります。

　なお、従業員に残業を断る合理的な理由がある場合、残業を命じる必要性、緊急性との兼ね合いにもよりますが、必ずしも残業を義務付けることはできないと解されています。そのため、従業員が残業を拒否する場合には、その理由について確認することが必要でしょう。

＊　日立製作所武蔵工場事件・最高裁第一小法廷平成3年11月28日判決、判タ774号73頁。

◇ 業務命令違反となる場合の処分

　外国人従業員の残業拒否が業務命令違反になる場合、事業主は、まず当該外国人従業員に対して丁寧に注意や指導を行ってください。注意や指導をしても当該外国人従業員に改善が見られない場合、事業主は、当該外国人従業員に対し、けん責や戒告といった懲戒処分が可能です。それでも残業を拒否する場合、減給処分や出勤停止といったさらに重い処分を段階的に科していくこともできます。ただし、懲戒処分の根拠を就業規則等に定めておくことが前提となります。

　その後も改善が見られず、将来的にも更生が見込めない場合には、最終的な手段となりますが、懲戒解雇を検討することになるでしょう。

　日立製作所武蔵工場事件は、会社が、労働者の残業拒否を理由に出勤停止14日の処分に付した後、これ以前にも何度か懲戒処分に付していたこと、その後も労働者の態度が改まらなかったことなどから、最終的には会社が労働者を懲戒解雇した事件ですが、裁判所は、この懲戒解雇を有効と判断しています。

　なお、外国人の場合、残業があるのは当たり前という日本人の意識とは異なる場合があります。外国人を雇用する際には、トラブルを回避するためにも事前に残業について十分に説明しておくことが必要でしょう。

（細田 健太郎）

第3章　労務管理

 外国人従業員の連続した休暇取得要求、対応は？

外国人従業員が連続した休暇を要求します。応じないといけないのでしょうか。

 休暇取得を拒否できる場合がある。

◇ 有給休暇の時季指定権と時季変更権

　労働基準法では、雇入れから6か月経過したときに10日の有給休暇を付与（出勤率が全労働日の80％以上である必要があります）、その後、1年経過するごとに付与日数は1日ないし2日ずつ加算され、6年6か月以上勤務で年間20日の有給休暇を付与することが定められています（39条1項、2項）。

　そして、労働者から有給休暇取得の申し出があった場合、事業者は、原則として、有給休暇を労働者の請求する時季に与えなければなりません（時季指定権・39条5項本文）。

　したがって、外国人従業員が連続した休暇を要求した場合、事業者は、連続した休暇であることだけを理由に有給休暇の取得を拒絶することはできません。もっとも、労働者から請求された時季に有給休暇を与えることが「事業の正常な運営を妨げる場合」においては、事業者は、他の時季に有給休暇を取得させる時季変更権を行使することが許されています（39条5項ただし書）。そのため、外国人従業員が要求する連続した休暇が「事業の正常な運営を妨げる」結果となる場合には、事業者は、時季変更権を行使し、取得時季を変更してもらう形で対応することが可能です。

◇「事業の正常な運営を妨げる場合」とは

　一般的に「事業の正常な運営を妨げる」ことになるか否かは、「事業所の規模、業務内容、当該労働者の担当する職務の内容、性質、職務の繁閑、代替要員

確保の難易、時季を同じくして有給休暇を指定している員数、休暇取得に関するこれまでの慣行等」[1]が判断要素とされています。

　また、連続した有給休暇を指定し、その日数が多い場合、労働者は事業者との間で事前の調整を要求され、それをしない場合には、事業者の裁量の余地が大きくなると解されています[2]。

　以上を踏まえると、外国人従業員が、連続した有給休暇の取得を申し出てきた場合、まずは当該従業員との間で事前の調整を行い、それでも調整がかなわない場合には、「事業の正常な運営を妨げる」か否かを判断していくことになります。

　労働者の連続した有給休暇の取得を認めなかった裁判例としては、前掲時事通信社事件があります。当該事件は、労働者が約1か月の連続した有給休暇の取得を指定した事案でしたが、最高裁判所は、①労働者の担当業務は専門性が高く、長期に代替者を確保することは相当困難であること、②労働者は約1か月の連続した時季指定を会社と十分な調整をせず行ったこと、③上司は、代替者配置の余裕がなく業務に支障を来すとして、2週間ずつ2回に分けて休暇を取ってほしいと告げた上で、後半の2週間についてのみ時季変更していることなどの事情から、会社は労働者に対し相当の配慮をしており、有給休暇取得時季の変更は労働基準法39条の趣旨に反する不合理なものとはいえないと判示しています。

　ドイツ、フランスでは、有給休暇を連続で使用することが法律で義務付けられているなど、国によって有給休暇の日数、その使用方法についての事情はさまざまです。そのため、外国人を雇用する際には、日本の有給休暇の制度について、事前に説明しておくことは大切でしょう。

（細田　健太郎）

＊1　白石哲 編著『裁判実務シリーズ1 労働関係訴訟の実務〔第2版〕』商事法務、2018年、44頁。

＊2　時事通信社事件・最高裁第三小法廷平成4年6月23日判決、判タ791号71頁。

Q35 業務委託契約を締結した場合の労働法の適用は？

外国人の英会話講師を採用する際、労働時間の規制や社会保険料の支払いが煩わしいので、業務委託契約としました。労働法の適用はないと考えてよいですか。

労働実態から「労働者性」が認められれば、契約形態にかかわらず労働法が適用される。

◇ 英会話講師の在留資格

　外国人の英会話講師の多くは、「日本人の配偶者等」、「定住者」、「永住者」など身分に基づく在留資格を有しない限り、「技術・人文知識・国際業務」という就労目的の在留資格で在留しています。「技術・人文・国際業務」に該当する活動は、「本邦の公私の機関との契約（傍点筆者）に基づいて行う理学、工学その他の自然科学の分野［筆者注：技術］若しくは法律学、経済学、社会学その他の人文科学の分野に属する技術若しくは知識を要する業務［筆者注：人文知識］又は外国の文化に基盤を有する思考若しくは感受性を必要とする業務［筆者注：国際業務］に従事する活動」と定義されています（入管法別表第１）。このうち、「国際業務」に該当する具体的業務として、「翻訳、通訳、語学の指導、広報、宣伝又は海外取引業務、服飾若しくは室内装飾に係るデザイン、商品開発その他これらに類似する業務」があります（出入国管理及び難民認定法第７条第１項第２号の基準を定める省令）。すなわち、英会話講師の多くは、公私の機関との「契約」に基づき、国際業務に従事するものとして在留資格を付与されているのです。

◇「契約」の種類

　この場合の「契約」は、必ずしも「雇用」である必要はなく、特定の機関との継続的な契約であれば、委任、委託、嘱託等が含まれます[*1]。いわゆる「業務委託」（民法に定められた典型契約に該当せず、その法的性格は「準委任」もしくは「請負」と考えられます）は、この「等」の中に含まれるといってよいでしょう。雇用、請負、委任（準委任）は、いずれも他人の労働を利用する契約の一種です。しかし、雇用は、他人の労働それ自体の利用を目的とする契約であるため、企業（使用者）と労働者との間に使用従属関係があり、労働者は、企業（使用者）の指揮命令下で労務提供することが求められます。

　一方、請負や委任は、特定の仕事の完成や一定の事務処理それ自体を目的とする契約で、請負者・受任者は自己の知識・経験・才能をフル活用して、自己の裁量のもとで依頼された仕事を完成させたり、依頼された事務を処理すれば、義務を履行したことになります。つまり、企業（注文者・委任者）からの独立性や自主性を前提とする契約なのです。そのため、企業の従業員であれば会社から支給されるはずの福利厚生を受ける資格はありません。また、依頼された業務の完成あるいは処理それ自体が契約の目的となっており、時間管理や処理方法は請負者・受任者の裁量に委ねられているため、労働法の適用はありません。そのため、企業（注文者・委任者）に時間管理義務はなく、請負者・受任者には割増残業代や有給休暇取得の権利がありません。年金や健康保険料などの社会保険料もすべて自分で負担することとなります。

◇ 労働者性の判断基準

　企業の中には、社会保険料や残業代支払い等の負担を不当に免れるために、故意に業務委託契約という形式にし、「あなたは労働者ではないから残業代はない」、「有給休暇はないから休んだらペナルティーを払え」、「社会保険料

---

*1　法務省　入国管理局「留学生の在留資格『技術・人文知識・国際業務』への変更許可のガイドライン」（平成30年4月改訂）。

第3章　労務管理

も会社が支払う必要がない」などと主張する企業もあります。

　しかし、労働法の適用対象となる「労働者性」が認められるかどうかは、形式的な契約形態や文言ではなく、労働の実態によって決まります。労働基準監督行政や裁判例では、使用者と労働者が使用従属関係にあるといえるか否かを判断基準にしています。判断要素としては、①仕事の依頼への拒否の自由、②業務遂行上の指揮監督、③時間的・場所的拘束性、④代替性、⑤報酬の算定・支払い方法等が考慮されます[2]。

　設問の英会話講師ですが、使用者によってあらかじめ授業の場所や時間が指定されている、原則として依頼を拒否できない、代替講師による授業が可能、報酬は時給計算などの事情があれば、「使用従属関係にある」として労働者性が認められる可能性が高いといえます。多くの場合、契約書に「業務委託」と記載されていても、労働基準法、労働契約法、最低賃金法等の労働関係法令の適用を避けることは難しいでしょう。

（雨宮　奈穂子）

---

[2]　労働基準法研究会報告書「労働基準法『労働者』の判断基準について」（昭和60年12月19日）。

121

5　賃金

Q36　日本への渡航費用などを給与から控除、問題は？

外国人従業員を海外から連れてくるのに費用がかかったため、費用を分割して毎月の給与から差し引いています。従業員も了解しています。法律に違反しますか。

「賃金全額払いの原則」の例外にあてはまらなければ違法となる可能性も。

◇ 募集段階、正式契約時に明確化を

　海外に居住する外国人を採用した場合、日本への渡航費用を含む転居費用を誰が、いくら負担するかという問題が生じます。厚生労働省の外国人指針は、外国人労働者が日本で安心して働き、その能力を十分に発揮する環境が確保されるよう、事業主が行うべき事項を定めています。そして、募集の適正化措置として、「募集に応じ労働者になろうとする外国人に対し、当該外国人が採用後に従事すべき業務の内容及び賃金、労働時間、就業の場所、労働契約の期間、労働・社会保険関係法令の適用に関する事項……について、その内容を明らかにした書面の交付又は当該外国人が希望する場合における電子メールの送信のいずれかの方法……により、明示すること。特に、募集に応じ労働者になろうとする外国人が国外に居住している場合にあっては、来日後に、募集条件に係る相互の理解の齟齬等から労使間のトラブル等が生じることのないよう、事業主による渡航費用の負担、住居の確保等の募集条件の詳細について、あらかじめ明確にするよう努めること」とされています（外国人指針第4の1の1）。

第3章　労務管理

　したがって、契約締結前の募集の段階で、渡航費用の名目、金額、支払い時期、負担者等を明確にし、また、正式な契約締結の際にも、雇用契約書その他これに準じる書面に細目を明記しておくべきでしょう。

◇ 賃金全額払いの原則とその例外

　では、事前の募集条件や契約書に、労働者の側が渡航費用を自己負担することや毎月の給与から控除されることが明記され、労働者も承諾していた場合、給与から渡航費用を控除することは違法となるでしょうか。

　労働基準法17条は、「使用者は、前借金その他労働することを条件とする前貸の債権と賃金を相殺してはならない」と定めています。また、同法24条1項は、「賃金は、通貨で、直接労働者に、その全額を支払わなければならない」と定めています（賃金全額払いの原則）。これは、生活の基盤たる賃金を労働者に確実に受領させることを保障した重要な条文です。したがって、会社で就労することを条件に、会社が渡航費用をいったん立て替えることで労働者に借金をさせ、当該借金の返済のために、賃金と相殺すること、すなわち控除することは違法となります。

　この点、使用者が、労働者の同意を得て行う相殺（控除）は、「（当該相殺に対する）同意が労働者の自由な意思に基づいてされたものであると認めるに足りる合理的な理由が客観的に存在するときは」賃金全額払いの原則に反しないとする判例もあります[1]。しかし、労働基準法24条1項は後段で、「法令に別段の定めがある場合又は当該事業場の労働者の過半数で組織する労働組合があるときはその労働組合、労働者の過半数で組織する労働組合がないときは労働者の過半数を代表する者との書面による協定がある場合においては、賃金の一部を控除して支払うことができる」と定めており、賃金全額払いの原則の例外は、法令の規定に基づく場合ないし過半数組合または過半数代表との集団的合意があって初めて認められると解釈されます[2]。したがっ

＊1　日新製鋼事件・最高裁第二小法廷平成2年11月26日判決、民集44巻8号1085頁。
＊2　菅野和夫『労働法 第11版補正版』弘文堂、2017年、434−436頁。

123

て、海外在住の外国人を採用した際の渡航費用の負担など定型的で必要性の
ある項目については、労使協定等を整備して対応すべきでしょう。

　また、前述の判例を前提としても、承諾に至る経緯や負担すべき渡航費用
と賃金、控除される金額、割合などによっては、相殺の合意自体が公序良俗
（民法90条）に違反していたり、「労働者の自由な意思に基づいてされたもの
であると認めるに足りる合理的な理由が客観的に存在する」とはいえないと
して、労働基準法17条ないし24条１項に違反して無効と判断される可能性も
あります。

　　　　　　　　　　　　　　　　　　　　　　　　　　（雨宮　奈穂子）

第3章 労務管理

Q37 給与の一部を一律に預金、問題は？

外国人従業員の給与の一部を一律に預金しています。従業員も了解しています。法律に違反しますか。

強制貯金は労働基準法によって禁止。労働者が承諾していても一定の要件を満たす必要あり。

◇ 強制貯金は禁止

　従業員が事業主を通じて金融機関と契約を結び、給料から一定額を天引きの形で積み立てる貯蓄制度を財形貯蓄制度といいます[*1]。財形貯蓄には、使途目的を限定せず自由に使うことができる「一般財形貯蓄」、マイホームの購入・建築など住宅資金のための貯蓄を目的とした「財形住宅貯蓄」、60歳以降に年金として受け取る資金づくりを目的とした「財形年金貯蓄」の3つがあります。財形住宅貯蓄と財形年金貯蓄は、合計貯蓄残高550万円までは利子等に対する税金がかからないなど、個人貯蓄に比べいくつかのメリットがあります。そのため、多くの企業が財形貯蓄を採用しています。

　しかし、Q36の解説のとおり、労働基準法24条1項は、「賃金は、通貨で、直接労働者に、その全額を支払わなければならない」として、「賃金全額払いの原則」を定めています。さらに同法18条1項は、「使用者は、労働契約に付随して貯蓄の契約をさせ、又は貯蓄金を管理する契約をしてはならない」と定めています。したがって、一方的に従業員の同意なく給与の一部を一律に天引きし、預金することは、仮に従業員の利益のためであっても、違法となります。

---

*1　独立行政法人勤労者退職金共済機構勤労者財産形成事業本部「財形貯蓄制度」(http://www.zaikei.taisyokukin.go.jp/service/save/index.php，最終閲覧平成30年8月6日)。

125

◇ 従業員が了解している場合

　では、従業員が了解している場合はどうでしょうか。労働基準法18条2項は、「使用者は、労働者の貯蓄金をその委託を受けて管理しようとする場合においては、当該事業場に、労働者の過半数で組織する労働組合があるときはその労働組合、労働者の過半数で組織する労働組合がないときは労働者の過半数を代表する者との書面による協定をし、これを行政官庁に届け出なければならない」、また同条3項は、「使用者は、労働者の貯蓄金をその委託を受けて管理する場合においては、貯蓄金の管理に関する規程を定め、これを労働者に周知させるため作業場に備え付ける等の措置をとらなければならない」と定めています。

　したがって、仮に従業員が財形貯蓄に承諾していたとしても、個別の承諾では足りず、あらかじめ過半数労働組合や過半数代表者との文書による合意や貯蓄金の管理等に関する規程の作成・周知が必要となります。

　また、本件の場合、外国人労働者についてのみ財形貯蓄を行い、日本人の労働者と異なる扱いにするのであれば、その目的や貯蓄金・預金通帳等の管理方法、天引額等によっては、差別的取扱いとして、労働基準法3条[*2]の均等待遇原則に反する可能性があります。

◇ 技能実習生の場合

　特に技能実習生については、「人材育成を通じた開発途上地域等への技能等の移転による国際協力の推進」[*3]という制度の趣旨・目的に反して、事実上、国内の人手不足を補う安価な労働力確保として利用されているという実態があり、過酷な労働環境からの逃亡防止のため、使用者が財形貯蓄の名目で賃金の一部を天引きする強制貯金や、通帳・印鑑・パスポートを取り上げ

＊2　労働基準法3条「使用者は、労働者の国籍、信条又は社会的身分を理由として、賃金、労働時間その他の労働条件について、差別的取扱をしてはならない」。
＊3　「外国人技能実習制度への介護職種の追加等について（通知）」（平成28年11月28日社援発1128第6号）。

るなどの事例が複数報告されてきました。

　平成28年11月28日に公布された技能実習法は、「実習監理者等は、技能実習生等に技能実習に係る契約に付随して貯蓄の契約をさせ、又は技能実習生等との間で貯蓄金を管理する契約をしてはならない」（47条2項）として、仮に技能実習生が承諾していても、給与から天引きするなどして貯蓄をさせたり、貯蓄金の管理をすることを禁止しています。これらの禁止行為[*4]を行った受入先の事業主は、6か月以下の懲役または30万円以下の罰金の制裁の対象となります（111条4号）。また、重大な許可・認定基準違反や法令違反等があれば、実習認定・監理許可の取消し（16条1項、37条1項）、業務停止命令（37条3項。監理団体のみ）、改善命令（15条1項、36条1項）の対象となります。

（板倉　由実）

---

*4　技能実習法には、47条2項のほかに、次のような禁止行為が定められています。
　　47条1項「実習監理者等は、技能実習生等（技能実習生又は技能実習生になろうとする者をいう。……）又はその配偶者、直系若しくは同居の親族その他技能実習生等と社会生活において密接な関係を有する者との間で、技能実習に係る契約の不履行について違約金を定め、又は損害賠償額を予定する契約をしてはならない」。
　　48条1項「技能実習を行わせる者若しくは実習監理者又はこれらの役員若しくは職員（次項において「技能実習関係者」という。）は、技能実習生の旅券……又は在留カード……を保管してはならない」。
　　48条2項「技能実習関係者は、技能実習生の外出その他の私生活の自由を不当に制限してはならない」。

業務委託契約の外国人の欠勤、代替手配費用の控除は可能？

当社は英会話学校で、外国人英会話講師とは業務委託契約を締結しています。講師が仕事を休む場合には、別の講師を手配するための費用として、報酬から一定金額を差し引くことに問題はありませんか。

 実態が労働者であれば、労働法が適用され、手配費用の徴収は違法・無効。

◇「労働者」の判断基準

　業務委託（準委任）や請負による労務提供者が「労働者」か否かは、形式的な契約形態や文言ではなく、労働関係の実態に基づき「事業」に「使用」されている（指揮監督を受けている）、かつ「賃金」の支払いを受けている（報酬が労務に対するものである）といえるかどうか、つまり使用従属関係にあるかどうかが判断基準となります（労働基準法9条。Q35参照）。

　厚生労働省の労働基準法研究会報告書「労働基準法『労働者』の判断基準について」（昭和60年12月19日）は、労働者性の判断要素として以下のような事項を挙げています。

(1)「使用従属性」に関する判断基準
　①「指揮監督下の労働」に関する判断基準
　　ア．仕事の依頼、業務従事の指示等に対する諾否の自由の有無
　　イ．業務遂行上の指揮監督の有無
　　　→業務の内容及び遂行方法について「使用者」による具体的な指示の有無、業務の進捗状況に関して本人からの報告書等により「使用者」が把握・管理している事実の有無等。
　　ウ．拘束性の有無
　　　→勤務時間・場所に関する定めの有無、本人の自主管理ではなく報告

により「使用者」が管理している事実の有無等。

エ．代替性の有無

→本人に代わって他の者が労務を提供することが認められているか否か、本人が自らの判断によって補助者を使うことが認められているか否か等。

②報酬の労務対償性の有無

(2)「労働者性」の判断を補強する要素

①事業主性の有無

ア．機械、器具の負担関係

本人が所有する機械、器具が著しく高価か否か等。

イ．報酬の額

正規従業員と比較して著しく高額か否か等。

②専属性の程度

ア．他社の業務に従事することの制約性、困難性

イ．報酬の生活保障的要素の有無（固定給部分の有無等）

設問のように、英会話学校の講師の中には、使用者である学校と雇用契約ではなく、業務委託契約のもとに就労している外国人が少なくありません。しかし、多くの外国人講師は、特定の英会話学校で専属的に働いており、就労場所や勤務時間も学校から指定され、指導方法・教材なども学校の指示に基づいて行われています。その場合は、指揮監督下の労働と判断される要素となるでしょう。また、特定のクラスや生徒を担当している場合も、代替性がないといえ、労働者性を肯定する方向に働きます。さらに、報酬が時給制あるいは月例固定給など、固定給部分がある場合も、労働者性を補強する重要な要素となります。

◇ 講師に労働者性が認められる場合

　講師に労働者性が認められれば、労働基準法等の労働関係法令が適用され、別の講師の手配費用として報酬から一定金額を控除することは、賠償予定の禁止（労働基準法16条）[*1]、前借金相殺の禁止（同法17条）[*2]、通貨・直接・全額・毎月1回以上一定期間払いの原則（同法24条）[*3]に違反して無効となります。また、講師が6か月以上継続して勤務している場合は、年次有給休暇を取得することができるため、逆に報酬を支払わなければならない可能性もあります[*4]。

　一方、無断欠勤が多い場合などは、就業規則に定めがあれば、懲戒処分の対象となり、処分の一環として減給を命ずることができますが、その場合でも、その減給は、「1回の額が平均賃金の1日分の半額を超え、総額が一賃金支払期における賃金の総額の10分の1を超えてはならない」とされています（労働基準法91条）。労働基準法91条の趣旨は、過酷な賃金減額から労働者を保護することに加え、使用者の減給処分の恣意性を排除する目的もあります。

◇ 講師に労働者性が認められない場合

　では、講師に労働者性が認められず、明らかに請負や業務委託（準委任）であった場合はどうでしょうか。例えば建設会社などでは、特定の建設工事や建築物の完成を請け負う、ということがありますが、この場合、事前の契約によって、作業員の人件費も含めた報酬（請負費用）が決められています。

＊1　労働基準法16条「使用者は、労働契約の不履行について違約金を定め、又は損害賠償額を予定する契約をしてはならない」。

＊2　労働基準法17条「使用者は、前借金その他労働することを条件とする前貸の債権と賃金を相殺してはならない」。

＊3　労働基準法24条1項「賃金は、通貨で、直接労働者に、その全額を支払わなければならない」。同条2項「賃金は、毎月1回以上、一定の期日を定めて支払わなければならない」。

＊4　労働基準法39条1項「使用者は、その雇入れの日から起算して6箇月間継続勤務し全労働日の8割以上出勤した労働者に対して、継続し、又は分割した10労働日の有給休暇を与えなければならない」。

したがって、作業過程で必要な作業員の欠員が生じた場合は、自らの責任で代替の作業員を探し、費用を負担する必要があります。英語講師の場合も、事前の契約書で代替講師の手配費用も含めて報酬が決められていた等、明らかな業務委託であれば、相当の範囲で手配費用の徴収が可能な場合もあるでしょう。ただし、上記のような業務委託契約の性質からすれば、本来は、当該講師が手配費用を支払うのではなく自ら代替講師を探すことになりますから、その場合の代替講師については、適切な授業が実施できないなどの特段の事情がない限り、英会話学校は受入れを拒否することができないと解釈すべきでしょう。

また、講師の欠勤により授業ができないなどの場合、欠勤の頻度や期間・理由によっては、代替講師の手配費用を含め、債務不履行による損害賠償請求をすることも考えられます。ただ、その場合でも、損害の範囲については、労働者性の有無にかかわらず、民法416条1項（「債務の不履行に対する損害賠償の請求は、これによって通常生ずべき損害の賠償をさせることをその目的とする」）が適用されます。この「通常生ずべき損害」とは、債務不履行と損害との間に因果関係が認められ、かつ、相当な範囲であることを意味します。明らかな業務委託であっても、「相当な範囲」の解釈にあたっては、契約内容、就労実態等により労働基準法91条の趣旨が考慮される場合もあるでしょう。

ただし、前述のとおり、現状英会話学校の講師で労働者性が否定される事案は多くありません。使用者である英会話学校は、まず当該講師の業務委託契約が労働の実態に即したものであるかどうか、検証する必要があります。その上で、講師の欠勤という経営上十分に予測可能な危険についてどのような形で負担するのかを検討すべきでしょう。当然のことではありますが、経営によって利益を受けている以上、危険に備え、そのための費用を負担する責任と義務は、最終的に英会話学校の側にあることを自覚しておく必要があるといえます。

（板倉　由実）

Q39 技能実習生に請負契約で出来高払い、問題は？

技能実習生を雇って工場で働かせています。残った仕事は寮にもって帰らせて、出来高により報酬を支払っています。請負契約と考えれば問題はないですか。

A 技能実習法により、技能実習生と受入企業との間には「雇用契約」の締結が必要。請負契約は認められない。

　技能実習制度は、「人材育成を通じた開発途上地域等への技能等の移転による国際協力の推進」という趣旨・目的で、平成22年の入管法改正で成立し、入管法とその省令を根拠法令として実施されてきました。しかし、本来の趣旨・目的に反して、技能実習制度が国内の人手不足を補う安価な労働力の確保策として利用される実態があり、最低賃金以下の報酬、残業代未払い、長時間労働、強制貯金、セクシュアルハラスメントなど、労働法を無視した人権侵害事例が多数報告され、裁判に発展する事例もありました。

　そこで、開発途上地域等の経済開発を担う「人づくり」に協力するという制度趣旨を徹底し、監理監督体制を強化するとともに、技能実習生の保護等を図ることを目的として、新たに技能実習法が成立し、平成28年11月28日に公布されました[1]。

　技能実習法に基づく技能実習制度は、受入機関のタイプにより、「企業単独型」（日本の企業等が海外の現地法人、合弁企業や取引先企業の職員を受け入れて技能実習を実施）と「団体監理型」（事業協同組合や商工会など非営利の監理団体が技能実習生を受け入れ、傘下の企業等で技能実習を実施）の2つのタイプがありますが、いずれにおいても、入国直後の講習期間を除き、労働者と受入企業との間で「雇用契約」を締結することが義務付けられ、労働

---

[1]　法務省　入国管理局／厚生労働省　人材開発統括官「新たな外国人技能実習制度について」（http://www.moj.go.jp/content/001225622.pdf，平成30年8月6日最終閲覧）。

関係法令等が適用されることが明記されています。受入企業である「実習実施者」は主務大臣への届出が必要なほか、技能実習生ごとに「技能実習計画」を作成し、外国人技能実習機構[*2]による認定を受けなければなりません。外国人技能実習機構は、計画の内容や契約形態を含めた受入体制の適正性等を審査します。したがって、請負契約では技能実習計画が認定されず、そもそも技能実習生を受け入れることができません。

また、施行日前後にかかわらず、旧制度の下での不正行為は、技能実習法上の欠格事由に該当するとされ、新制度においても技能実習の受入れは認められません。

新制度の下では、技能実習生からの相談・申告や労働基準監督機関・地方入国管理局等からの通報のほか、外国人技能実習機構による定期的な実地検査が行われることになっており、不正行為が発覚すれば、許可・認定の取消し、業務停止命令、改善命令の対象になります（Q37参照）。

技能実習制度は、制度の適正な運用と技能実習生の保護の観点からさまざまな制約がある複雑な制度です。ルール[*3]を守って、正しい運用を心がけましょう。

(板倉 由実)

[*2]　技能実習法に基づく認可法人として、主務大臣である法務大臣と厚生労働大臣から委託を受け、「新たに設けられた監理団体の許可制度及び実習実施者が技能実習生ごとに、かつ技能実習の段階ごとに作成する技能実習計画の認定制度に関し、技能実習計画の認定、実習実施者・監理団体へ報告を求め実地に検査する事務、実習実施者の届出の受理、監理団体の許可に関する調査等を行うとともに、技能実習生に対する保護や支援を強化するための母国語相談や援助等の業務を行う」機関（http://www.otit.go.jp/message/，平成30年8月6日最終閲覧）。

[*3]　法務省「技能実習法による新しい技能実習制度について」（http://www.moj.go.jp/nyuukokukanri/kouhou/nyuukokukanri05_00014.html，平成30年8月6日最終閲覧）。厚生労働省「技能実習制度運用要領」（http://www.mhlw.go.jp/stf/seisakunitsuite/bunya/0000142615.html，平成30年8月6日最終閲覧）。

6　住宅・寮

Q40　外国人の賃貸物件契約をスムーズに行うには？

外国人を雇い入れました。住居の手配はどうしたらよいでしょうか。外国人だと嫌がる大家や不動産業者もあり、賃貸物件が見つかりにくいと聞いたことがあるのですが。

 自治体の窓口に相談する方法も。

◇ 外国人が賃貸物件を借りることができるよう支援している地域も

賃貸物件を借りるということは、大家や不動産業者との間で、賃貸借契約を結ぶということです。そのため、原則として、大家や不動産業者が賃貸借契約を結ぶことを拒否した場合には、その賃貸物件を借りることはできないことになります。

賃貸物件が見つかりにくい場合、自治体の窓口に行って、相談する方法もあります。地域によっては、外国人が賃貸物件を借りることができるよう、支援事業を行っているところもあります。例えば、神奈川県では、居住支援協議会が「あんしん賃貸支援事業」という支援事業を行っており、外国人等の世帯のうち、民間賃貸住宅の家賃等を安定的に支払い、自立した生活を営むことができる方を対象に、民間賃貸住宅に関する情報を提供し、居住の支援をしています。

◇ 公共住宅を利用する方法

また、公共住宅については、外国人であっても、日本人と同様に利用でき

る場合が多いようです。

　例えば、独立行政法人都市再生機構の賃貸住宅（いわゆる「UR賃貸住宅」）は、永住者、特別永住者、中長期在留者等の在留資格があって賃貸借契約の内容を十分理解できる者などは入居を申し込むことができます。

　また、都営住宅に、中長期在留者であり、かつ、①「永住者（特別永住者を含む）及びその配偶者等」、「日本人の配偶者等」、「定住者」または②「在留実績が継続して1年以上ある」場合には、申し込むことができます。

◇ 不当な入居差別

　なお、不当な入居差別が違法とされる場合もあります。例えば、マンションの賃貸借について、外国人であることを理由に契約締結を拒否したことが、信義則上の義務に違反するとされた裁判例があります＊。

　同判決は、家主が仲介業者を介して賃貸借契約の交渉を行い、その期間が相当程度進行し、入居申込者が契約の成立を確実なものと期待するに至った以上、家主が合理的な理由なく契約締結を拒絶することは許されないと判示した上で、入居申込者が在日韓国人であることを主たる理由として家主が契約締結を拒否することには合理的な理由が認められず、信義則上の義務に違反したものとして、家主が損害賠償責任を負うと判断しました。

（上山 直也）

＊　大阪地裁平成5年6月18日判決、判タ844号183頁。

Q41 外国人従業員の寮を定期的に訪問、問題は？

外国人従業員を寮に住まわせています。しかし、逃げ出してしまわないか心配なので、定期的に様子を見に行っています。従業員から「やめてくれ」といわれました。どうすればよいですか。

 今後は、寮に行って様子を見るのはやめるべき。

◇ 私生活への過度の干渉とみなされるおそれ

　従業員が住んでいる寮は、従業員にとって生活の場であり、プライバシー保護の必要性が高い私的な空間ですから、正当な理由なしにみだりに行くことは、プライバシーの侵害にあたる可能性があります。

　この点、従業員が「やめてくれ」といっているにもかかわらず、従業員が逃げ出すことを防止するために、従業員の住居を定期的に訪れるというのは、従業員の私生活への過度の干渉とみなされる可能性が高いと考えられますから、控えるべきであると思われます。

　なお、労働基準法94条１項は、「使用者は、事業の附属寄宿舎に寄宿する労働者の私生活の自由を侵してはならない」と定めています。「寄宿舎」とは、常態として相当人数の労働者が宿泊し、共同生活の実態を備えるものをいうと考えられています（労働者が独立の生計を営んでいる「社宅」や、少人数の労働者が使用者の家族と生活を共にする「住込み」は、「寄宿舎」にはあたらないとされています）が、寮が「事業の附属寄宿舎」にあたる場合には、この点からも、従業員の様子を定期的に見ることには問題が生じることになります。

（上山　直也）

第3章 労務管理

Q42 パスポートや在留カードを預かることに問題は？

労務管理の一環としてパスポートや在留カードを預かっても問題ないですか。外国人従業員の方から、安全のためにパスポートや在留カードを預かってほしいといわれた場合はどうですか。

 パスポートや在留カードを預かってはいけない。

◇ パスポートや在留カードの携帯義務

　日本に在留する外国人は、パスポートや各種許可書を携帯する義務があり、正当な権限をもった公務員から、これらを提示するよう要求された場合には、提示しなければなりません（入管法23条1項、3項）。

　なお、中長期在留者には在留カードの受領・携帯義務があり、在留カードを携帯していれば、パスポートの携帯義務はありません（入管法23条1項、2項）。

◇ パスポートや在留カードの携帯義務がある外国人の場合

　パスポートや在留カードの携帯義務がある外国人から、パスポートや在留カードを預かることは、違法状態を作り出す手助けになりますから、絶対にしてはいけません。これは、従業員から「預かってほしい」と頼まれた場合でも同じです。裁判例では、外国人研修生・技能実習生に関し、逃亡防止目的でのパスポート管理を行っていた行為について、外国人研修生・技能実習生の日本における移動の自由を制約するものとして違法と判断されています＊。

＊　天草中国人技能実習生事件・熊本地裁平成22年1月29日判決、判タ1323号166頁。

137

◇ パスポートの携帯義務がない外国人の場合

　他方、前述のとおり、中長期在留者のうち在留カードを携帯している外国人は、パスポートを携帯する義務はありません。

　しかしながら、従業員の意思に反してパスポートを預かったり、従業員にパスポートを預けることを強要することは、当然許されません。

　また、外国人指針には「事業主は、外国人労働者の旅券等を保管しないようにすること」と記載されており（第4の2の6）、従業員にパスポートの携帯義務がない場合でも、パスポートを預かることについては、控えるべきでしょう。

（上山 直也）

7 退職・解雇

Q43 契約更新せず退職扱いにすることに問題は？

外国人従業員の雇用契約期間が満了するので、「条件を下げて更新するか、更新しないかのどちらかだ」と提案したところ、どちらも受け入れてもらえません。退職扱いにしても問題ないですか。

 更新拒絶が認められない場合あり。

雇用契約を更新しないことが許されない場合があることに注意した上で、更新しないのであれば、その旨を従業員に伝えるべきです。これは、従業員が外国人であっても日本人であっても変わりません。

◇ 更新拒絶が認められる場合でも明示が必要

雇用契約の期間が定められている場合でも、使用者から、雇用契約の更新をしないこと（更新拒絶）が認められない場合があります（労働契約法18条、19条）。

更新拒絶が認められる場合でも、労働者にその旨を明示することなく「退職扱いにする」べきではありません。もし更新拒絶をするのであれば、更新拒絶を明示して労働者に伝えるべきです。

なお、有期契約を3回以上更新した労働者や、雇い入れた日から1年を超えて継続勤務している労働者を雇止めする場合には、契約満了の30日前までに、雇止めの予告をする必要があります（平成15年10月22日／最終改正平成24年10月26日厚生労働省告示357号「有期労働契約の締結、更新及び雇止めに関する基準」1条）。また、雇止めをされた労働者が雇止めの理由を書面

で証明することを請求した場合には、使用者は雇止めの理由について証明書を交付しなければなりません（同2条）。

◇ 更新拒絶が認められない場合1

　更新拒絶が認められない場合の1つとして、労働契約法19条にあてはまる場合があります。

　具体的には、①雇用契約の期間満了する日まで、または期間満了後に遅滞なく、労働者から雇用契約締結の申込みがされていること、②その雇用契約が反復して更新されており、期間の定めのない雇用契約と同視できること、または雇用期間の満了時に雇用契約が更新されると労働者が期待することに合理的な理由があること、③使用者の雇用契約の更新拒絶が客観的に合理的な理由を欠き、社会通念上相当でないこと、の3要件すべてにあてはまるときには、使用者は、更新前の雇用契約と同一の労働条件で、雇用契約締結の申込みを承諾したものとみなされます。

　すなわち、①と②の要件を満たすときに更新拒絶をした場合には、その更新拒絶は、「解雇」として相当かという観点（要件③）から、その適法性が判断されることになります。その場合、労働条件を下げる必要性などの事情も考慮した上で、判断がなされることになると考えられます。

◇ 更新拒絶が認められない場合2

　更新拒絶が認められないもう1つの場合が、労働契約法18条にあてはまるときです。

　具体的には、①同一使用者との間の雇用契約を更新して通算5年の契約期間を超えること、②現に締結している雇用契約期間内に労働者が無期雇用契約（期間の定めのない雇用契約）転換の申込みをすること、の2要件にあてはまるときには、使用者は、無期雇用契約転換の申込みを承諾したものとみなされます（使用者は拒絶できません）。

　注意する必要があるのは、前述の①「通算5年の契約期間を超えること」というのが、雇用契約の存続する期間の通算が5年間を超えればよい、とい

140

第3章　労務管理

うことです。実際に5年間を超えて働く必要があるわけではなく、育児休業や病気休職等、働いていない期間があってもかまいません。また、「5年間」という期間は、平成25年4月1日以降に契約締結（更新）した日からカウントすることになっています。

　無期雇用契約転換後の労働条件は、契約期間を除いて、転換前の期間の定めのある雇用契約と同一のものになります。

　仮に、前述の①と②の要件を満たすときに、無期雇用契約への転換を拒絶した場合には、「解雇」として相当かという観点から、その適法性が判断されることになります。

（上山 直也）

141

Q44 業績不良の外国人従業員の解雇、注意点は？

業績の悪い外国人従業員に対して、「退職するなら退職金を多めに支給する。それが嫌なら解雇する」と提案したところ、退職金の金額に納得しなかったので、解雇しました。解雇は有効ですか。また、外国人を解雇する場合に、使用者として特に注意すべきことはありますか。

解雇の適法性は厳格に判断される。差別的解雇にあたらないかも注意。

実務上、解雇の適法性は厳格に判断されることに注意してください。また、外国人を解雇する場合には、差別的解雇（労働基準法3条）にあたらないか、よく注意する必要があります。

◇ 解雇をするにはルールがある

解雇は、使用者による一方的な労働契約の解約であり、無期雇用契約の労働者の解雇について、合理性（客観的合理性と社会的相当性）を欠く解雇は解雇権濫用として無効とされます（労働契約法16条）。また、有期雇用契約の中途解約（解雇）については、「やむを得ない事由」が必要とされており（同法17条1項）、16条の合理性よりもさらに厳格です。期間の満了を待つことができないほど緊急かつ重大な理由がなければ中途解約（解雇）は無効になります。

この点について、裁判例では、一般労働者の業績不良を理由とする解雇について、厳格な判断を行う傾向にあります。例えば、セガ・エンタープライゼス事件[*1]では、就業規則の規定である「労働能率が劣り、向上の見込みが

---

*1 セガ・エンタープライゼス事件・東京地裁平成11年10月15日決定、労判770号34頁。

ない」と認めたときにあたるとして解雇された事案において、裁判所は、「平均的な水準に達していないというだけでは不十分であり、著しく労働能率が劣り、しかも向上の見込みがないとき」でなければ、解雇できない旨を示しています。実際に解雇が適法と評価されるかどうかは、ケースバイケースの判断となりますが、実務上、解雇は、ほかに適切な解決方法が存在しない場合に限り認められると考えるべきでしょう。

　もっとも、高い専門的能力を前提として高待遇で中途採用された労働者の場合等は、前述の場合と比して、緩やかに解雇が認められる傾向があります[2]。

　なお、解雇するための手続として、少なくとも30日以上前に労働者に解雇する旨を予告（解雇予告）しなければならず、30日前に予告しないで解雇する場合には、少なくとも30日分以上の平均賃金を労働者に支払う義務があります（労働基準法20条1項）。ただし、解雇予告の日数は平均賃金を支払った日数分だけ短縮されますので（同条2項）、例えば10日分の手当を支払って20日前に予告するということは可能です。

◇ 任意の退職を促すことの適法性

　適法に解雇することができる場合でも、例えば円満に退職してもらってトラブルを避けたいという理由から、設問のように、「退職するなら退職金を多めに支給する」ということを労働者に伝え、任意の退職を促すことは、それ自体がただちに違法であるとはいえないでしょう。

　もっとも、「退職するなら退職金を多めに支給する。それが嫌なら解雇する」と伝えることは、事実上、任意で退職するか、解雇されるかの二者択一を、労働者に決めさせることになります。その場合、仮に労働者が任意で退職することを選んだとしても、後に、労働者から「解雇と任意退職を二者択一で迫られたため、やむを得ず任意退職した」と主張され、退職の有効性や、退職を促した行為の適法性が争われることもあり得ます。

---

[2]　ドイツ証券事件・東京地裁平成28年6月1日判決、LEX/DB25543184。

143

設問のように、「退職するなら退職金を多めに支給する。それが嫌なら解雇する」という趣旨を労働者に伝えることは、適法に解雇することができる場合に限って行われるべきでしょう。

◇ 差別的解雇（労働基準法3条）にあたらないか注意を

　労働基準法3条では、国籍に基づく差別的な解雇が禁止されています。そのため、外国人を解雇する際には、そのような差別的な解雇にあたらないか、注意する必要があります。

　また、例えば、「日本語能力が劣り、コミュニケーションが十分に取れないこと」を理由として解雇する場合等にも注意が必要です。なぜなら、外国人が、日本人と比べて日本語能力に劣ることはやむを得ないことであり、そのような事情は、採用の段階で、使用者も十分に理解しているはずです。具体的な判断はケースバイケースとなりますが、日本語能力が劣るとして解雇することが適法と評価されるためには、採用条件にどの程度の日本語能力を要求していたか、実際の業務において日本語能力がどの程度要求される職種であるか、また、当該労働者のこれまでの労務提供の状況等、幅広い事情が考慮されることになるでしょう。

　加えて、解雇の理由を説明する場合や、雇用契約を締結する場合等にも、労働者が十分にその内容を理解できるような言語・方法で説明をするべきと考えられます。

（上山 直也）

第3章 労務管理

 業績不良の外国人従業員、PIP実施の上での
解雇は有効？

業績の悪い外国人従業員でも日本の法律では解雇するのが難しいと聞きました。PIP（Performance Improvement Plan 業務改善計画）を実施すれば、有効な解雇になりますか。

 労働法規によって制限あり。

◇ 従業員の解雇について

　従業員の解雇は、民法627条１項の規定に根拠がありますが、労働法規によって種々の制限がなされています。

　従業員の解雇について、その理由が就業規則に定められた解雇事由（労働基準法89条３号）に該当する必要があるか（限定列挙説）、それとも、客観的に合理的理由があれば就業規則所定の解雇事由に該当しなくてもよいか（例示列挙説）については争いがありますが、多くの就業規則では、能力不足や勤務成績不良を解雇事由に掲げているものと思われます。

　その上で、「解雇は、客観的に合理的な理由を欠き、社会通念上相当であると認められない場合は、その権利を濫用したものとして、無効とする」（労働契約法16条）とされていますので、業績不良を理由とした解雇が解雇権の濫用とされないのはどのような場合であるかを検討する必要があります。

◇ 裁判実務では

　裁判実務においては、「当該企業の種類、規模、職務内容、労働者の採用理由（職務に要求される能力、勤務態度がどの程度か）、勤務成績、勤務態度の不良の程度（企業の業務遂行に支障を生じ、解雇しなければならないほどに高いかどうか）、その回数（１回の過誤か、繰り返すものか）、改善の余地があるか、会社の指導があったか（注意・警告をしたり、反省の機会を与

145

えたりしたか）、他の労働者との取扱いに不均衡はないかなどを総合検討することになる」とされています[*1]。

　裁判例では、管理職や高度専門職等、職務を特定して採用された労働者が期待されていた職務遂行能力を欠いていたような場合には典型的に解雇が認められているとされています[*2]。

　他方で、相対的に「下位10パーセント未満の考課順位」の従業員について、就業規則の「労働能率が劣り、向上の見込みがない」との規定により解雇を有効と解するには、「平均的な水準に達していないというだけでは不十分であり、著しく労働能率が劣り、しかも向上の見込みがないときでなければならない」として解雇を無効とした例があります。この裁判例では、人事考課が相対評価であること（絶対評価ではないこと）から、「直ちに労働能率が著しく劣り、向上の見込みがないとまでいうことはできない」との指摘もなされています[*3]。

◇ PIP実施と解雇の有効性

　それでは、PIPを実施した場合はどうでしょうか。PIP（Performance Improvement Plan 業務改善計画）とは、「元来はアメリカで、個々の従業員の業務遂行能力を改善し、業績を向上させる目的で導入されたものであり、従業員の同意の下に改善項目を設定し、本人に改善項目ごとに改善計画を出させ、PIPは期間をおいて何度でも繰り返され、それを達成できたか否かを定期的に人事部、上司、本人が共同で検討していくという手法」[*4]をいいます。

　この点について、ブルームバーグ・エル・ピー事件は、約13年間記者職として通信社で勤務した後に金融機関従業員向けに経済金融情報を提供する通信社（ブルームバーグ社）に記者として中途採用された者に対し、記事執筆・

＊1　山口幸雄・三代川三千代・難波孝一 編『労働事件審理ノート［第3版］』判例タイムズ社、2011年、26頁。
＊2　西谷敏・野田進・和田肇 編『新基本法コンメンタール　労働基準法・労働契約法』日本評論社、2012年、398頁。
＊3　セガ・エンタープライゼス事件・東京地裁平成11年10月15日決定、労判770号34頁。
＊4　水谷英夫『労働者側＋使用者側 Q＆A 新リストラと労働法』日本加除出版、2015年、87頁。

配信のスピード、記事の本数、記事内容の質等について改善が必要であるとして3回のPIPが実施され、その後、解雇されたという事案です。これについて東京地裁は、まず、原告に求められている職務能力については、「社会通念上一般的に中途採用の記者職種限定の従業員に求められていると想定される職務能力」と同等のものであると認定した上で、会社側の主張については、「労働契約の継続を期待することができない程に重大なものであるとまでは認められない」とし、年度末評価などで抽象的に指摘したり、一方的にPIPの課題として目標を設定し、その達成度を確認したりするに止まり、原告の抱える問題を克服するために「具体的な指示を出したり、原告との間で問題意識を共有した上でその改善を図っていく等の具体的な改善矯正策を講じていたとは認められない」などと指摘して、「本件解雇は、客観的に合理的な理由を欠くものとして無効である」としました[5]。

　単にPIPを実施したというだけで解雇が有効となるわけではないことを示したものといえるでしょう。

（澤田　稔）

＊5　ブルームバーグ・エル・ピー事件・東京地裁平成24年10月5日判決、労判1067号76頁。

Column

金銭解決制度の導入と解雇規制緩和論

　日本は正社員に対する解雇規制が厳しいため、陰湿な退職勧奨・退職強要の原因となっている、雇用の調整弁として非正規労働が増加するなどの弊害が生じているという説があります。解雇規制の緩和は雇用を流動化させ、新たな雇用を生み出すという説もあります。

　しかし解雇についての労働契約法16条は、「解雇は、客観的に合理的な理由を欠き、社会通念上相当であると認められない場合は、その権利を濫用したものとして、無効とする」と規定するだけです。つまり合理的な理由と相当性のない解雇は無効となるという単純明快な定めをしているだけで、特に厳格な要件を定めているわけではありません。

　問題は、裁判における「解雇無効」の争い方にあります。解雇に納得できない労働者は、解雇が無効であることを前提に「従業員であることの地位の確認」という訴えを提起するのが基本です。判決も従業員の地位を認めるか、認めないかの二者択一しかありません。しかし、中には解雇されたことは納得できないが「職場復帰」はしたくないと考える労働者もいるでしょう。労働者の側から解雇無効の裁判が提起されると、職場に復帰させるものの、報復的な配置転換や村八分など陰湿ないじめ・嫌がらせを行うことで、労働者を職場にいづらくさせ、自ら退職するように仕向ける会社も珍しくありません。労働審判を含め解雇無効を求める労働裁判の多くは、合意退職と解決金の支払いという金銭解決で和解をしています。

　こうした現状を踏まえ、政府・国会では平成28年1月から「解雇無効時における金銭解決制度」に関する本格的な議論を始めています。厚生労働省の「透明かつ公正な労働紛争解決システム等の在り方に関する検討会」は平成29年5月31日に報告書を公表し、労働者申立てによる金銭解決制

度を念頭に具体的な仕組みの検討に入っています。

　しかし、解雇の金銭的解決の制度化はそもそも必要でしょうか。労働審判においては「当事者間の権利関係を確認し、金銭の支払、物の引渡しその他の財産上の給付を命じ、その他個別労働関係民事紛争の解決をするために相当と認める事項を定めることができる」（労働審判法20条2項）とされ、解雇無効の場合でも必ずしも職場復帰を命じる審判が下されるわけではありません。当事者双方の主張をもとに、職場の実情や労働紛争に詳しい労使の労働審判員と労働審判官が個々の紛争の経緯、性質や権利義務関係を踏まえた調停案を提示し、多くの場合が調停で解決しています。

　金銭解決制度を制度化することにより、事案にかかわらず、解決金水準が固定化したり、金銭を支払えば解雇が可能という傾向が強まるという弊害も予想されます。日本の場合、解雇が無効であっても金銭解決水準は低い傾向にあります。解雇自由の国といわれるアメリカの場合、コーネル大学のAlexander Colvin教授は、労働事件の損害金認定水準に関し、州裁判所 約32万8000ドル、連邦裁判所 約14万3500ドル、仲裁合意による仲裁裁定 約2万3500ドルという調査結果を発表しています＊。加えて、アメリカにおいては、差別的解雇等について、懲罰的制裁制度が適用される可能性があるため、高額の和解金が支払われる事例も少なくありません。なお、懲罰的制裁制度については会社の従業員規模による上限規制があります。従業員規模15人以上100人以下の場合は5万ドル、101人以上200人以下の場合は10万ドル、201人以上500人以下の場合は20万ドル、500人を超える場合は30万ドルが上限ですが、それでも日本に比べると驚くほど高額であるといえます。

　労働市場のグローバル化や外国人労働者の受入れの増加に伴い、日本の解決金水準や制度設計は国際的視野で考える必要があるでしょう。低額の金銭水準のままでの金銭解決制度の導入は、かえってアメリカ以上に解雇自由の国に日本を変貌させる可能性があるのではないでしょうか。

（板倉 由実）

＊　Alexander Colvin "An Empirical Study of Employment Arbitration: Case Outcomes and Processes," 2011. [https://digitalcommons.ilr.cornell.edu/cgi/viewcontent.cgi?article=1586&context=articular]（last visited August 28, 2018）.

8 転勤・出向

Q46 物価の低い外国の関連会社への出向、賃金切下げは可能？

外国にある関連会社に外国人従業員を出向させる場合、現地の物価水準を基準にして、賃金を切り下げることはできますか。

 できないと考えるべき。

◇ 出向とは

（在籍）出向とは、A企業がその従業員に対し、A企業の従業員の地位を保持したまま、B企業の従業員や役員となってB企業の業務に従事させる人事異動のことをいいます。そして、使用者は、就業規則等の根拠があれば、労働者の同意なく、出向を命じることができます。

◇ 準拠法

ただし、日本の企業から、外国にある別法人に出向させる場合、その労働条件を規律する法律は、どこの国の法律かが問題となります（「準拠法」はどこの法律かという問題）。

この点を定めた通則法によれば、当事者が準拠法を選択した場合にはその法律を準拠法とし（7条）、選択がない場合には、労働契約に最も密接な関係がある地の法（最密接関係地法）が準拠法となります（8条1項）。そして、労働者が労務を提供すべき地の法が最密接関係地法と推定されます（12条2項）。したがって、労働契約で準拠法を定めなければ労務提供地の法が準拠法となります（Q23も参照）。

他方、労働契約において準拠法を外国法と定めた場合には外国法が準拠法となるのが原則ですが、その外国法以外に最密接関係地法が存在する場合、その強行法規については、労働者が望めば、適用されます（12条1項）。

ただし、明示の選択がない場合には、ただちに労務提供地の法律が準拠法になるというのではなく、契約関係における諸般の事情を考慮して、当事者の「黙示の意思による選択」を認定するという手法が裁判例では取られています[1]。

さて、日本企業から外国にある関連会社に出向する場合には準拠法はどのように考えればよいのでしょうか。想定されるのは、当初、日本において労働契約を締結し、この契約関係を保持したままに、外国の関連会社との間でも労働契約を締結することになる場合ですが、このように労働契約が併存する出向関係では使用者が有する諸権限を出向先と出向元のいずれが保有するのかは場合によります。例えば、関連会社に出向した労働者は、関連会社から業務の指揮命令を受け、労務の提供も関連会社に対して行うことになりますが、賃金については、出向先が同社での賃金規程に基づき賃金を支払い、差額分を出向元で支払うという形や、労働者には出向元企業が全額を支払い、そのうちの分担金を出向先が出向元に支払うという形、いずれも見られるところです。また、出向後の人事考課、懲戒、解雇、復帰等の人事権や、労働時間の管理権限を出向元会社のみが有するという場合もあり得ます。

そうすると、外国にある関連会社に出向し、労務提供地が外国であるからといっても、契約関係の諸般の事情を考慮して黙示の意思による選択が認定され、日本法が準拠法であると判断される可能性は十分にあると思われます。そこで、以下では、賃金の切下げの当否を考えるにあたって、日本法に基づいた検討を行います。

---

[1]　ルフトハンザドイツ航空事件・東京地裁平成9年10月1日判決、判タ979号144頁。

◇ 日本法のもとでの検討

(1) 就業規則に賃金を引き下げる根拠がない場合

　労働契約法によれば、労働者と使用者は、合意によって、労働条件を変更するのが原則です（8条）。ただし、賃金は重要な労働条件であり、その切下げの同意があったといえるには、不利益の内容・程度、労働者が受け入れるに至った経緯・その態様、労働者への情報提供や説明の内容等に照らして、「労働者の自由な意思に基づいてされたものと認めるに足りる合理的な理由が客観的に存在するか否かという観点」からも判断されます[2]。

　したがって、外国にある関連会社に出向させるにあたり、現地の物価水準を基準にして賃金を切り下げようとする場合には、労働者の同意が必要です。そして、労働者の同意を取るにあたっては、単に同意の書面を得るのではなく、労働条件の変更内容等について十分に情報提供を尽くさなければなりません。

(2) 就業規則に賃金を引き下げる根拠がある場合

　それでは、出向元企業があらかじめ賃金規程によって、外国にある関連会社に出向する場合には物価に連動して賃金を切り下げられる旨を定めている場合はどうでしょうか。この場合は、賃金規程の内容が労働契約の内容になっていると考えられ、出向の根拠も就業規則に定められていれば、労働者の同意なく、賃金切下げの伴う出向を命じられるとも考えられます。しかし、賃金は労働者の生活に直結する重要な労働条件です。そして、出向先企業のある国の物価水準が日本に比べて大幅に低い場合には、賃金の切下げによって生じる労働者の不利益が大きく、このような不利益をもたらす出向命令自体が出向命令権を濫用したものとして無効となる可能性があります（労働契約法14条）。出向者が日本国内に扶養家族を残して単身赴任している場合を考えれば、現地の物価水準をベースに賃金が決定された結果、労働者の生活に

＊2　山梨県民信用組合事件・最高裁第二小法廷平成28年2月19日判決、判タ1428号16頁。

第3章　労務管理

甚大な影響が生じることは容易にわかるでしょう。

　もっとも、引下げ後の賃金が出向先の職務内容・労働条件に応じた賃金であり、不利益の程度も小さければ、労働者の事前の包括的同意の範囲内の切下げであるといえる場合もあり得ましょう。しかし、単に現地の物価水準に連動して賃金を切り下げるというのは、減額の根拠として合理性があるとは思われず、不適法と判断される可能性が高いと思われます。

　したがって、設問の場合も、就業規則の規定を根拠に一方的に、物価水準にあわせて賃金を引き下げることはできないと考えるのが妥当と思われます。

　なお、出向には、出向元企業との間での労働契約が終了し、出向先企業との間でのみ労働契約が成立する形の転籍出向というタイプも存在しますが、この場合は、そもそも労働者の同意なくして出向させることができません。したがって、賃金引下げを伴う転籍出向を命じる場合には、十分な説明をした上で労働者の同意を得る必要があります。

（弘中　章）

Q47 外国人従業員の海外勤務、日本の労働法適用は？

外国人従業員を海外の支店や支社あるいは現地法人に勤務させる場合でも、日本の労働法が適用されますか。

 原則として日本法は適用されない。

海外の支店、支社、現地法人に勤務させる場合、いずれも原則として現地国法が適用され、日本法は適用されません。ただし、個別の労働契約により準拠法を選択することはできます。

◇ 私法的関係を規律する準拠法

Q46でも触れましたが、日本企業が外国人従業員を海外の支店や支社あるいは現地法人に勤務させる場合、その労働関係が、どこの国の法律によって規律されるのかが問題となります。これが、準拠法はどこの国の法律かという問題です。

労働法には、労働契約法のように私法的関係を規律する場合と、労働基準法のうちの罰則規定のように公法的関係を規律する場合があります。

第一に、私法的関係を規律する場面を考えると、この点を定めた通則法によれば、当事者が準拠法を選択した場合にはその法律を準拠法とし（7条）、選択がない場合には、労働契約に最も密接な関係がある地の法（最密接関係地法）が準拠法となります（8条1項）。そして、労働者が労務を提供すべき地の法が最密接関係地法と推定されます（12条2項）。したがって、労働契約で準拠法を定めなければ労務提供地の法が準拠法となります。

他方、労働契約において準拠法を外国法と定めた場合には外国法が準拠法となるのが原則ですが、その外国法以外に最密接関係地法が存在する場合、労働者が望めば、その最密接関係地法の強行法規が適用されます（12条1項）。この強行法規は労働者の最低限の保護を保障する私法的強行法規を指し、日

本の労働法では例えば、労働契約法、最低賃金、労働時間規制、時間外労働の割増賃金など労働条件の最低基準を定めた諸規定のことです。そうすると、労働者が実際に働いている外国の強行法規については、労働者が望めば適用される可能性があります。以上についてはQ23も参照してください。

◇ 支店、支社、現地法人、いずれも原則は現地国法が準拠法

ところで、日本企業が外国人従業員を海外で働かせる場合、勤務場所が日本企業の支店なのか、支社なのか、現地法人なのかによって違いが生じるでしょうか。すなわち、支店・支社は海外での営業活動の拠点ではあるものの法人化には至らないものであり、現地法人は、法人化に至ったものです。換言すれば、支店・支社は日本にある法人と同一事業体ですが、後者は別の事業体であるということになります。ただ、いずれも海外出張とは異なり、日本国内の事業活動とは考えられていません。いずれの場合も、労働者が労務を提供するのは現地国においてであり、最も密接な関係がある地は現地国といえ、原則として日本の労働法は適用されません。

ただし、個別の労働契約によって、準拠法を選択することはでき、支店、支社、現地法人いずれにも日本の労働法を適用させることはできますが、その場合であっても、労働者は、本来適用されるべき最密接関係地法（労働者が実際に働いている現地国法）の強行規定の適用を求めることができます。

なお、Q46でも言及しましたとおり、裁判例では、明示の選択がない場合でも、契約関係における諸般の事情を考慮して、当事者の「黙示の意思による選択」を認定するという手法を取る場合があることには留意が必要です*。

◇ 公法的関係を規律する場面──労働基準法の罰則の適用

なお、労働法のうち、公法的関係を規律する場面についてですが、労働基準法の罰則の適用に関しては、「労働基準法違反行為が国外で行われた場合

---

* ルフトハンザドイツ航空事件・東京地裁平成9年10月1日判決、判タ979号144頁。

には、刑法総則の定めるところにより罰則は適用されない。ただし日本国内にある使用者に責任がある場合にはこの使用者は処罰される」という内容の通達（昭和25年8月24日基発776号）が存在します。刑法総則における属地主義の原則により、日本国内における労働基準法による犯罪が成立したと認められなければ罰則は適用されません。もっとも、労働者が外国で勤務をしていても、国内で賃金を支払っている場合に割増賃金の未払いや最低賃金違反があれば労働基準法違反として罰則の対象になります（前記通達のただし書）。

（弘中 章）

9 転職・退職・解雇と在留資格

 外国人の転職、日本滞在に影響は？

外国人従業員が、退職して別の就職先を探す、といっています。今の在留期間が満了するまでは、適法に日本に滞在できますか。また、外国人従業員を解雇した場合はどうですか。解雇することで、その従業員の在留資格に影響はありますか。

 在留資格と転職後の就労による。資格取消しに注意。

◇ 在留資格と転職後の就労

外国人が日本で就労するためには、以下の3つの場合のいずれかである必要があります。

(1) その資格に定められた範囲で就労が認められる在留資格（「技術・人文知識・国際業務」、「企業内転勤」、「技能」等）を有する場合

この場合、転職後の就労活動が現在の在留資格に基づく活動と変わらないときは、在留期間満了まで就労することができます。また、在留期間内に在留期間更新申請をする必要があります。転職後の就労活動が現在の在留資格に基づく活動に含まれるかどうかを確認するためには、就労資格証明申請をします（入管法19条の2第1項）。

(2) 在留資格としては就労が認められない（「留学」、「家族滞在」等）が、資格外活動許可（入管法19条2項）を受けている場合
 ① 1週に28時間以内であること及び活動場所において風俗営業等が営まれ

ていないことを条件として雇用主である企業等の名称、所在地及び業務内容等を指定しないもの（包括的許可。入管法施行規則19条5項1号）

→転職後の就労活動が上記の条件を満たす限り在留期間内は新たな資格外活動許可は不要です。

②企業等の名称、所在地及び業務内容等を個別に指定するもの（入管法施行規則19条5項2号）

→転職後の企業等について新たに資格外活動許可を受ける必要があります。

(3) 就労活動に制限のない在留資格（「永住者」、「日本人の配偶者等」、「永住者の配偶者等」、「定住者」）を有する場合

転職後についても在留期間満了まで就労することができます。

◇ 在留資格の取消しに注意

いずれの場合であっても、在留期間が満了するまで適法に日本に滞在できることは変わりありません。ただし、在留資格の取消し（入管法22条の4第1項6号）に注意する必要があります。

具体的には、正当な理由なく、許可を受けている在留資格の種類に応じた活動（仕事など）をしないまま3か月以上（一定の在留資格については6か月以上）が経過したような場合です。例えば、「技術・人文知識・国際業務」の在留資格で活動をしていた外国人労働者が勤務先を退職し、当該在留資格で行うことのできる活動（例えば、システムエンジニア、土木工学技術者、会計業務従事者、翻訳者・通訳者、語学学校教師等の活動）に従事しなくなり、3か月が経過した場合等には、在留資格が取り消されないか注意が必要です。

なお、正当な理由がある場合は取消しの対象から除かれます。例えば、「技術・人文知識・国際業務」の在留資格をもって在留しているところ、勤務先を退職して転職していない場合、求職活動を続けていれば「正当な理由」が認められると思われますが、そうでない場合には在留資格の取消しがなされる可能性があります。

◇解雇の場合

　ここまでは、外国人労働者が自ら退職し、転職する場合について述べてきましたが、この内容はそのまま、事業主が外国人労働者を解雇した場合にもあてはまります。つまり、外国人労働者は、解雇によっても、その在留資格に影響を受けることがありますので、事業主はこの点も踏まえて解雇を検討すべきです。なお、外国人指針が、事業主に対して、外国人労働者の解雇の予防や再就職の援助を要請していることにも留意してください（第4の6）。

（澤田 稔）

Q49 在留資格更新不許可、解雇は可能？

在留資格を更新できなかったことを理由として解雇することはできますか。

 不法就労助長罪の回避のためなら可能。

◇ 就業規則の解雇事由として規定を

　無期雇用の労働者の解雇は、民法627条1項の規定に根拠がありますが、労働法規によって種々の制限がなされています。Q45でも説明していますとおり、労働者の解雇について、その理由が就業規則に定められた解雇事由（労働基準法89条3号）に該当する必要があるか（限定列挙説）、それとも、客観的に合理的理由があれば就業規則所定の解雇事由に該当しなくてもよいか（例示列挙説）については争いがあります。ただ、外国人を雇用している場合には、就労を可能とする在留資格（就労可能な在留資格でないときは就労を可能とするような資格外活動許可）がないことを解雇事由として規定しておいた方がよいでしょう。

　その上で、「解雇は、客観的に合理的な理由を欠き、社会通念上相当であると認められない場合は、その権利を濫用したものとして、無効とする」（労働契約法16条）とされていますので、在留資格（在留期間）を更新できなかったことが解雇されるだけの「客観的に合理的な理由」といえるかが問題となります。

◇ 不法就労助長罪の回避は「客観的に合理的な理由」

　外国人従業員が在留資格を更新することができず、結果として、就労を可能とする在留資格がなくなってしまう場合に、その者の就労継続を許容すれば、その者の就労は不法就労活動（入管法19条1項、24条3号の4イ）に該当し、

雇用主には不法就労助長罪（同法73条の2第1項）が成立して、3年以下の懲役もしくは300万円以下の罰金、またはこれを併科されることとなります。ただし、従業員の就労が不法就労活動に該当することを知らず、かつ、そのことについて過失がない場合を除きます（同法73条の2第2項）。この点についてはQ54も参照してください。

また、雇用主が外国人の場合は、その雇用主が退去強制事由に該当することにもなります（同法24条3号の4イ、19条1項）。

したがって、雇用主として、不法就労助長罪に問われることを回避することには「客観的に合理的な理由」があるといえますから、従業員が在留資格を更新できなかったことを理由として解雇することは解雇権の濫用にはあたらないこととなります。

（澤田 稔）

Column

雇用以外の事情の変化と在留資格（離婚等）

　Q2等でも取り上げたように、日本で働くことのできる在留資格には、特定の職種での就労を前提とするものと、就労とは無関係に、主として結婚などの人的関係を基礎とするものとに大別されます。

　「日本人の配偶者等」など、人的関係を基礎とする在留資格は、基本的には就労の制限がありません。しかしながら、人的関係が存在することが前提となっているため、人的関係がなくなると在留資格もなくなりかねない、という点に注意が必要です。

　例えば、「日本人の配偶者等」や「永住者の配偶者等」の在留資格は、主として日本人や永住者と婚姻している外国人に与えられる在留資格ですが、離婚によって婚姻関係が終了したり、また離婚に至っていなくても、婚姻の実体がなくなっているとみなされると、在留資格がなくなってしまうおそれがあります。そうなれば就労にも影響が出てきますので、雇用主としては、従業員の在留資格には常に注意を払う必要があります。

　外国人労働者の雇用状況の届出や在留資格の確認は雇用主の義務とされています。雇用時や離職時に届出を行うことが労働施策総合推進法（旧・雇用対策法）に定められており、届出を怠ると罰金が科せされることがありますので注意が必要です。雇用保険の対象となる外国人従業員の場合は、日本人従業員の場合と同じ届出をすることで足りますが、届出の際に在留資格等の確認が必要となります。

　在留資格の有無や種類、就労の可否は、在留カード等で確認することになりますが、特に就労を目的とする在留資格（Q2等参照）は、その在留資格でどのような種類の仕事をすることができるのか、判断が難しい場合があります。その場合には就労資格証明申請（Q48参照）の利用が有効です。

（尾家 康介）

10 労働災害・私傷病

Q50 外国人従業員に労災保険の適用は？

外国人従業員にも日本の労災保険が適用されるのですか。その外国人従業員に在留資格がない場合はどうですか。

いずれの場合も、労働者としての実態があれば適用される。

◇ 労災保険制度

(1) 概要

　労働者が、業務や通勤が原因で負傷したり、病気になったり、死亡したとき、その治療費や休業による収入減等についての「労災補償」が問題となります。

　労災補償には、大きく分けて2種類あります。その1つが労災保険制度による労災保険給付であり、もう1つは会社（使用者）による補償です。

　このうち、労災保険制度は、労災保険の財源から支払われる法定の補償制度です。労働基準監督署により、怪我や病気、死亡が業務等によるものと判断されれば、労災となり、会社に過失があるかどうかにかかわりなく、労災保険給付金が支給されます。労災保険給付には、主に次の種類があります。

163

■図表　労災保険給付の種類

療養（補償）給付	業務または通勤が原因となった傷病の療養を受けるときの給付。労災指定医療機関で無料で療養を受けられる。それ以外の医療機関で受診した場合も、健康保険と異なり、支出した療養費が全額支給される。
休業（補償）給付	業務または通勤が原因となった傷病の療養のため、労働することができず、賃金を受けられないときの給付。休業した４日目から、治癒ないし症状が固定するまで、休業１日につき給付基礎日額の80％（保険給付60％と特別支給金20％）が支給される。
傷病（補償）年金	労災による療養開始後、１年６か月が経過しても、傷病が治癒（症状固定）せず、症状が重い場合の給付。症状の程度が傷病等級１級から３級に該当するか否かが判断され、等級に該当すれば支給される。
障害（補償）給付	業務または通勤が原因となった傷病が治癒（症状固定）して障害等級に該当する身体障害が残ったときの給付。障害等級は１級から14級まであり、労働基準監督署が認定する。等級に応じた障害（補償）給付のほか、障害特別支給金等が支給される。１級から７級までの重い後遺症の場合には、年金で支給される。
遺族（補償）給付	労働者が死亡したときの給付。遺族（補償）年金のほか、遺族特別支給金（一時金）、遺族特別年金が支給される。
葬祭料・葬祭給付	労働者が死亡し、葬祭を行ったときの給付。
介護（補償）給付	障害（補償）年金または傷病（補償）年金が得られる一定の等級に該当し、現に介護を受けているときの給付。

(注) 労災保険給付の名称は、業務災害の場合には「補償」がつき、通勤災害の場合はつきません。また、「葬祭料」は業務災害の場合、「葬祭給付」は通勤災害の場合です。

(2) 外国人労働者の場合

　以上の労災保険制度は、外国人であっても、日本国内で働いている限りは利用可能です。すなわち、労災保険制度は、労働者災害補償保険法（以下「労災保険法」といいます）に基づいて運営されますが、この法律の適用がある「労働者」とは、労働基準法の適用がある「労働者」（９条）と同じであり、労働基準法は「労働者」を国籍により区別していないことから（３条）、これを受けて、労災保険法も外国人労働者に適用されることになります。

　外国人労働者を雇用している使用者は、業務中に事故が発生して外国人労働者が負傷したり、長時間労働等が原因で外国人労働者が病気になったりしたとき、当該外国人労働者が労災保険給付を得られるように協力すべきです。

第3章　労務管理

　具体的には、「労働者死傷病報告」を労働基準監督署に対して遅滞なく提出しなければなりません（労働安全衛生規則97条）。労災事故が発生したにもかかわらず、労働基準監督署に対して報告をしなかったり、虚偽の報告を行ったりした場合には、刑事責任に問われる可能性があるため、注意が必要です（労働安全衛生法120条5号等）。

　また、事業主は、被災した労働者や遺族が労災申請手続を行うことができるよう、助力する義務があり、労働者や遺族から労災申請書類に必要な書類を求められた場合には、速やかに証明をしなければなりません（労災保険法施行規則23条、外国人指針第4の4の2）。労災申請書類には、事業主の証明が必要とされる事項（雇用関係の有無、災害発生状況など）の欄があるため、事業主は証明を行う必要があります。

　特に外国人労働者の場合、このような制度があることを知らないことも多いでしょうから、制度の周知にも努めるべきです（外国人指針第4の4の1）。

　なお、外国人労働者が出身国に帰国した後に、出身国で治療を受けても、診療内容が相当であれば支給の対象となり、治療に要した費用が労災保険より支払われます。ただし、保険給付額は支給決定日における外国為替換算率（売レート）で換算した邦貨額になります＊1。

◇ 労災民訴制度による補償

　設問からは少し離れますが、労災保険制度では補償されない労働者の損害（慰謝料等）について、会社が賠償責任を負うことがあります。先に指摘した労災補償の方法のうち、会社による労災補償のことで、「労災民事損害賠償（労災民訴）」による労災補償と呼ぶことがあります。

　会社が損害賠償責任を負うのは、労災保険とは異なり、会社に過失が認められるときに限られます。過失の有無は、会社が従業員の安全を配慮すべき義務（安全配慮義務）を尽くしたか否かによって判断され、労働基準監督署ではなく、最終的には裁判所が判断するものです。

＊1　厚生労働省「外国人労働者向けパンフレット」（https://www.mhlw.go.jp/new-info/kobetu/roudou/gyousei/rousai/gaikoku-pamphlet.html，平成30年7月27日最終閲覧）。

165

「安全配慮義務」という考え方は判例法理を通じて形成されたものですが、労働契約法5条は「使用者は、労働契約に伴い、労働者がその生命、身体等の安全を確保しつつ労働することができるよう、必要な配慮をするものとする」と規定し、現在では法律の中に明文化されるに至っています。そして、労働契約法は外国人労働者にも適用されることから、外国人労働者は、会社に対して労災民訴による労災補償を求めることができます。

　したがって、使用者は、外国人労働者の労災被害について、労災保険制度の利用だけでなく、労災保険では補償されない損害を賠償する責任を負う可能性があることを理解し、どこまでを補償するのか、考える必要があります。

◇ 在留資格を有しない外国人の場合

　では、労災事故にあった外国人労働者が在留資格を有しない場合はどうでしょうか。

　労災保険法は、強行的な労働保護法の一種として、国籍によらず、また適法な就労か否かをも問わずに、外国人にも適用されます（「外国人の不法就労等に係る対応について」昭和63年1月26日基発50号・職発31号）。当該外国人に「労働者」であるという実態があればよく、在留資格を有するか否かは関係がありません。言い換えれば、入管法上就労することが違法となる場合でも、「労働者」として保護されるということです。

　したがって、外国人労働者が勤務中の事故で怪我をした場合、その外国人が在留資格を有していなくても労災保険を利用できますので、在留資格の有無にかかわらず、使用者として労災保険の利用に協力すべきです。なお、不法就労者が労災認定の申請をした場合も、労働基準監督署の実務では、原則として入管当局に通報しない方針が採用されています。

　また、民事損害賠償による労災補償については、在留資格のない不法就労の外国人労働者であっても問題になります。ただし、賠償の対象となる「損害」について、不法就労者であっても休業損害が含まれることに変わりはありませんが、後遺障害が残る場合の逸失利益については、予想されるわが国での就労可能期間はわが国の収入を基礎に、その後の期間は母国の収入等を基礎

になされるべきとされ、さらに不法就労者の場合は就労可能期間が長期にわたるとは考えられないと判示した裁判例があります[2]。同判決では、パキスタン国籍の外国人労働者の逸失利益の算定にあたり、事故後に勤めた会社を退職した日の翌日から3年間は日本での就労先で得ていた実収入額を、その後は来日前にパキスタンで得ていた収入額を基礎として逸失利益を算定した原審の判断が相当として是認されました。したがって、不法就労かどうかによって、外国人労働者に対する賠償額に差が生じることはあり得るといえます。

◇ 海外勤務者の労災

　ここまでは日本国内での労災事故を念頭に置いていましたが、外国人労働者が日本国外で労災事故に遭った場合はどうなるでしょうか。

　海外へ「出張」している場合は、日本国内の事業場に所属する労働者として、日本で労災申請できます。

　もっとも、海外の現地法人に「出向」して働いている場合などには、「海外での労災保険制度に基づき補償を受けるべきなので、日本の労災保険制度は適用されない」という考え方があり、問題となります。この点に関し、会社が任意で特別加入の手続をとっていれば、日本で労災申請ができます（労災保険法33条7号）。他方、会社が特別加入の手続をとっていない場合は、日本の労災保険制度の利用は難しいと考えられていますが、日本からの具体的な指示命令の実態から海外出張と同一視できる場合には、一般の労災保険制度の利用があり得ます[3]。

　日本の労災保険制度の適用について疑義をなくすため、使用者が外国人労働者を含む自社の労働者を海外に派遣する場合には、特別加入の手続をとることを積極的に検討すべきです。

（弘中 章）

---

*2　改進社事件・最高裁第三小法廷平成9年1月28日判決、民集51巻1号78頁。

*3　川人博・平本紋子『過労死・過労自殺労災認定マニュアル－Q&Aでわかる補償と予防』旬報社、2012年、29頁。

　　ロア・ユナイテッド法律事務所 編『労災民事訴訟の実務』ぎょうせい、2011年、34－35頁（村林俊行 著）。

Q51 外国人の傷病手当金の受取りは可能？

外国人でも傷病手当金を受け取れるのですか。本国に帰った場合はどうですか。

 社会保険に加入していて、受給要件を満たせば、受け取れる。

労働者が病気や怪我によって仕事ができなくなったとき、勤務先において特別の休暇制度が備わっていなければ、休職中、労働者は無給となります。年次有給休暇を取得することで賃金を確保できることもありますが、それがなくなれば、やはり無給となってしまいます。

病気や怪我が労災と認められれば労災保険から休業補償給付を受けられ、一定の所得保障がなされますが（Q50参照）、病気や怪我が業務上のものと労働基準監督署に認定されなければ労災保険は使えません。このような場合に所得補償の方法となるのが傷病手当金です。

傷病手当金とは、社会保険の1つである健康保険の被保険者が、病気や怪我の療養のために仕事ができず、賃金を得られなくなった場合に、仕事を休んで4日目から得られる給付金のことです。1日あたりの支給額は、次の計算式で算定されます。

$$\left(\begin{array}{c} 最初の給付が支給された日以前12か月間の \\ 各月の標準報酬月額の平均額 \end{array} \right) \div 30日 \times \frac{2}{3}$$

受給可能期間は、同じ病気や怪我につき、支給が開始されてから最長で1年6か月です。

ところで、労働者が事業者等に雇用される場合に加入する社会保険は、適法な就労か否かにかかわらず、外国人労働者にも適用されます（Q27も参照）。その結果、外国人労働者が勤務先の健康保険に入っている場合には、傷病手当金を受給できます。また、外国人労働者が出身国に帰国した場合にも一定

第3章　労務管理

の条件を満たせば傷病手当金を受給できます。

　これに対し、社会保険の適用がない場合、3か月以上の在留資格を認められた外国人は、国民健康保険に加入することができますが、国民健康保険では、傷病手当金の支給はありません。

　労働者が傷病手当金を申請するにあたっては事業主が証明する事項があるため、外国人労働者が傷病手当金の申請を希望する場合には、使用者は手続に協力すべきです。また、外国人労働者が傷病手当金の制度を知らないことが多いため、制度の周知に努めるようにしましょう（外国人指針第4の4の1、2）。

　なお、労災保険給付の場合は、事業主による証明が得られなくても申請はできますが、傷病手当金の申請は、事業主による証明がなければ保険者に受け付けてもらえません。また、労働者による傷病手当金の申請に協力しない事業主に対する保険者や監督官庁による是正措置は、容易にはなされないという事情があります。傷病手当金を速やかに受給できないと、療養中の労働者の生活は大きな影響を受けますが、それは外国人労働者の場合も同じです。傷病手当金の申請に際しても、使用者には、適切な対応が求められます。

（弘中 章）

169

11 不法就労と外国人

 外国人の不法就労とは？

外国人の就労は、どのような場合に不法就労となるのですか。

 不法滞在状態での就労または許可のない資格外活動。

◇ 不法就労とは

　外国人の不法就労には、①上陸許可を受けていない場合（密入国）や在留期間を超過して滞在している場合（オーバーステイ）などのいわゆる「不法滞在」の状態で就労する場合（入管法24条3号の4イ、70条1項1～3号の2、5号等）と、②在留資格で認められている活動を超えて就労する場合（資格外活動）（同法24条3号の4イ、19条1項）があります。

　ここでいう「就労」とは、収入を伴う事業を運営する活動または報酬を受ける活動をいいます。ただし、次に掲げる報酬を受ける活動は「就労」にはあたりません（同法19条1項1号、同法施行規則19条の3）。

〈入管法施行規則19条の3第1～3号〉
1　業として行うものではない次に掲げる活動に対する謝金、賞金その他の報酬
　イ　講演、講義、討論その他これらに類似する活動
　ロ　助言、鑑定その他これらに類似する活動
　ハ　小説、論文、絵画、写真、プログラムその他の著作物の制作
　ニ　催物への参加、映画又は放送番組への出演その他これらに類似す

る活動

2　親族、友人又は知人の依頼を受けてその者の日常の家事に従事する
　　こと（業として従事するものを除く。）に対する謝金その他の報酬
3　留学の在留資格をもって在留する者で大学又は高等専門学校（第4
　　学年、第5学年及び専攻科に限る。）において教育を受けるものが当
　　該大学又は高等専門学校との契約に基づいて行う教育又は研究を補助
　　する活動に対する報酬

◇ 不法就労か否かの確認

　前記①の外国人が不法滞在状態にあるか否かは、パスポートや在留カード
の確認により明らかになります。

　前記②の資格外活動の第1は、例えば、「留学」の在留資格のように、原
則として就労ができない在留資格（入管法別表第1の3、4（同法19条1項
2号））の外国人が就労する場合です。この場合も、資格外活動許可（同法
19条2項、同法施行規則19条）を受けた上でそこで定められた条件の範囲で
就労すれば不法就労とはなりません。

　前記②の資格外活動の第2は、例えば、「技術・人文知識・国際業務」の
在留資格のように就労制限のある在留資格（同法別表第1の1、2、5（同
法19条1項1号））の外国人が在留資格で認められている活動に属さない就
労活動をする場合です。この場合も、資格外活動許可を受けた上でそこで定
められた条件の範囲で就労すれば不法就労とはなりません。

　就労の可否について、在留資格ごとに整理すると次の**図表**のようになります。

■図表　在留資格ごとの就労の可否

在留カード交付対象	就労制限のない在留資格	「永住者」「定住者」「日本人の配偶者等」「永住者の配偶者等」	就労OK	
	就労制限のある在留資格	「教授」「芸術」「宗教」「報道」「高度専門職」「経営・管理」「法律・会計業務」「医療」「研究」「教育」「技術・人文知識・国際業務」「企業内転勤」「介護」「興行」「技能」	在留資格で認められている就労OK	資格外活動許可あれば資格外活動許可に定める条件の範囲内で就労OK
		「技能実習」	指定書記載機関での在留資格に基づく就労OK	
	原則就労不可の在留資格	「文化活動」「留学」「家族滞在」	資格外活動許可あれば資格外活動許可に定める条件の範囲内で就労OK	
	就労の可否が指定書の内容で決定される在留資格	「特定活動」（ワーキングホリデー、就職活動中の方など）	指定書に定める条件の範囲内で就労OK	資格外活動許可あれば資格外活動許可に定める条件の範囲内で就労OK
	就労不可の在留資格	「研修」	就労不可	
在留カード交付対象外	就労制限のある在留資格	「外交」「公用」	在留資格で認められている就労OK	資格外活動許可あれば資格外活動許可に定める条件の範囲内で就労OK
	就労不可の在留資格	「短期滞在」	資格外活動許可あれば資格外活動許可に定める条件の範囲内で就労OK	
在留期間超過等の不法滞在			就労不可	
特別永住者			就労OK	

※　東京都　青少年・治安対策本部「外国人労働者雇用マニュアル」（http://www.seisyounen-chian. metro.tokyo.jp/about/pdf/poster-leafret/29manual.pdf，平成30年7月27日最終閲覧）12 - 13頁をもとに筆者が作成（ただし、一部修正）

第3章　労務管理

●資料　在留カード

資料出所：法務省　入国管理局　パンフレット「日本に在留する外国人の皆さんへ
2012年7月9日（月）から新しい在留管理制度がスタート！」

　在留カード交付対象の在留資格（中長期在留者。入管法19条の3）については、上記の在留カードが交付され、就労制限の有無（同法19条の4第1項6号）、資格外活動許可を受けていればその旨（同7号）が記載されます。指定書は別途交付されます。

　就労活動の内容が在留資格で認められている就労にあたるかどうかがわからないときは、「証明を希望する活動の内容」を記載して就労資格証明書（同法19条の2第1項）の交付を申請することができます。

　なお、資格外活動許可については、週28時間以内、風俗営業等は不可、留学の在留資格で長期休みの期間は1日8時間以内、といった条件があります（同法施行規則19条5項1号）。

　事業活動に関して外国人に不法就労活動をさせたときは、不法就労助長として、外国人については退去強制事由となり（同法24条3号の4イ）、日本人外国人を問わず罪になります（同法73条の2第1項1号）。不法就労助長罪については、不法就労であることを知らなかったとしても、そのことについて過失がない場合を除き、罪は免れないとされています（同2項）。

（澤田　稔）

Q53 不法就労時の労働条件に労働法の適用は？

従業員も承知の上で、不法就労をさせていました。本人も不法就労であることの認識があるのであれば、労働条件について、労働法を守らなくてもよいでしょうか。

労働法の適用に、国籍による区別や不法就労か否かの区別はない。

◇ 労働法の適用

「労働法」とは、労働者と使用者との間の労働をめぐる関係を取り扱う法の総称であり、その中には、労働基準法、労働契約法、労働組合法、労働者派遣法等のさまざまな個別法があります。

これらの労働法は、日本国内で就労する労働者に適用されるものであり、日本人か外国人かの区別はなく、不法就労かそうでないかの区別もありません。なお、外国人労働者については、使用者に対し、雇用管理の改善と再就職支援についての努力義務が課せられています（労働施策総合推進法7条）。

◇ 不法就労の外国人従業員の解雇

もっとも、外国人を雇用して不法就労をさせることは不法就労助長罪にあたりますから、そのような従業員を解雇することはやむを得ないといえ、解雇には合理的理由があるとされることになります。この点は、労働法を守らなくてもよいということではなく、解雇について定めた労働契約法16条の「解雇は、客観的に合理的な理由を欠き、社会通念上相当であると認められない場合は、その権利を濫用したものとして、無効とする」という規定の解釈の結果として、解雇が有効になるということに過ぎません。

この点で、解雇にあたって解雇予告手当（労働基準法20条1項）を支払う必要があるか、という問題が考えられます。従業員に不法就労をさせること

第3章　労務管理

が不法就労助長罪にあたる以上、使用者としては就労をすぐに停止させる必要がありますが、即時解雇する場合に予告手当の要否が問題となるわけです。従業員が不法就労であることを秘匿していたような場合には「労働者の責に帰すべき事由に基いて解雇する場合」にあたるとして、労働基準監督署の解雇予告除外認定（労働基準法20条1項ただし書、20条3項、19条2項）を受けた上で懲戒解雇にすることも考えられます。しかし、使用者も承知の上で不法就労をさせていた場合には、労働者の責に帰すべき事由による解雇とはいえず、予告手当の支払いを要するものと思われます。

（澤田 稔）

Q54 不法就労、会社や代表者にペナルティは？

在留資格のない外国人や就労許可のない在留資格の外国人を雇いました。会社や代表者にペナルティはありますか。初めから不法就労であるとわかっていた場合と途中から不法就労であるとわかった場合とで違いはありますか。

不法就労させた会社や会社代表者にも刑罰。

◇ 初めから不法就労であるとわかっていた場合

　在留資格のない外国人や就労許可のない在留資格の外国人が就労する場合、あるいは外国人が入国管理局から就労を認められた範囲を超えて働く場合、その外国人本人は専従資格外活動罪（入管法70条1項4号）ないし非専従資格外活動罪（同法73条）に問われることになり、また、これらは退去強制事由にもなり得ます（同法24条4号イ、ヘ）。そして、これは外国人本人のみの問題に止まるものではなく、その外国人を雇用して就労させた者も不法就労助長罪（同法73条の2第1項）に問われることになりますし、この就労させた者が会社の業務に関してこれを行った場合には、会社に対しても罰金刑が科せられることになります（同法76条の2）。

　不法就労助長罪の類型としては、「事業活動に関し、外国人に不法就労活動をさせた者」（同法73条の2第1項1号）、「外国人に不法就労活動をさせるためにこれを自己の支配下に置いた者」（同2号）、「業として、外国人に不法就労活動をさせる行為又は前号の行為に関しあっせんした者」（同3号）と定められています。これらのいずれかに該当する場合には3年以下の懲役もしくは300万円以下の罰金が科せられ、あるいはそれらが併科されることになります。具体的には、会社が在留資格のない外国人や就労許可のない在留資格の外国人を雇った場合、その意思決定を行った会社代表者ないし会社

従業員の行為は法73条の2第1項1号に該当しますので、その会社代表者ないし会社従業員には前記の刑罰が科せられ、また、会社自体に対しても罰金刑が科せられることになります。

　また、これらに加えて、外国人を雇用する者はその雇用関係（在留資格、在留期間等）についてハローワークに報告義務があるところ、不法就労者ということでその届出をしなかった、あるいは虚偽の届出をしたということになりますから、その会社代表者や従業員には30万円以下の罰金が科せられます。また、その意思決定を行った会社代表者や従業員が会社の業務に関してそれを行った場合には、会社に対しても罰金刑が科せられることになります（労働施策総合推進法28条1項、40条1項2号、同2項）。

◇ 途中から不法就労であるとわかった場合

　外国人を就労させていた者が、最初は当該外国人が不法就労であると知らなかった場合にも、当然に不法就労助長罪を免れるわけではありません。同罪は、外国人に就労許可がないこと、入国管理局から就労を認められた範囲を超えて働いていたこと、あるいはそもそも在留資格がないことを知らなかったことについて「無過失」の場合にのみ就労させていた者の免責を認めています（入管法73条の2第2項）。

　上記のとおり、事業主は、新たに外国人を雇い入れる場合にはその者の在留資格・在留期間等を確認してハローワークに届け出る義務があり、その際には在留カードの提示を求めるべきこととされています（労働施策総合推進法28条1項、外国人指針第5）。同カードには表面に「就労制限の有無」、裏面に「資格外活動許可欄」がありますので、同カードの記載内容を確認すれば不法就労か否かの判別は容易です（ただし、資格外活動許可欄に「資格外活動許可書に記載された範囲内の活動」とある場合、就労可否の判断のためには資格外活動許可書という別の書類を別途確認する必要があります）。したがって、事実上、無過失が認定される余地は狭く、氏名や言語などから外国人であるとは判断できず在留カードの提示を求めなかった場合や、在留カード自体が偽造されていたような場合に限られるものと思われます。

177

なお、在留カード表面には当該在留カードの番号が付されており、当該番号が失効しているかどうかについては入国管理局の「在留カード等番号失効情報照会」というページで確認可能です。もっとも、ここまでしなければ過失ありと認定されるのかどうかは現時点で明らかではありません。また、当該番号が失効していないことがただちに当該カードの有効性を証明するものでもありませんので、いずれにせよ在留カードの偽造を事業主が判別することには限界があります。

（伊藤 崇）

第4章
マネジメント

1　コミュニケーション

Q55　外国人従業員とのコミュニケーション、ポイントは？

外国人従業員とのコミュニケーションで気をつけるべきことは何ですか。

 コミュニケーションの齟齬が生じ得ることを常に認識し、丁寧に対応すべき。

　外国人従業員とのコミュニケーションにおいては、言語や文化の違いがあることに注意しなければなりません。日本人との間では、慣習や慣行を共有しているため、「あうん」の呼吸で伝わるような内容も、外国人には簡単に伝わらないことがあります。ですから、使用者が外国人従業員に指示を出したり、同僚同士で共同作業を行ったりする場面では、こちらの意図を外国人従業員が正確に理解しているか、細心の注意を払う必要があります。

　例えば、集団で仕事を進めていく上で、言葉がわからないために、円滑に仕事を進められない、チームワークに混乱が生じることが予測されます。ですから、場合によっては、意思を伝え合うときの言葉をあらかじめ選んでおくといった工夫が必要でしょう。できるだけシンプルな言葉でコミュニケーションを行っていくなどの方法が考えられます。

　危険を伴う業務では、事故予防のためのルールや、事故が生じたときの対応方法など、従業員に規則遵守を徹底させる必要がありますが、外国人従業員に対しては日本人以上に、安全衛生教育がわかりやすい形でなされなければなりません。業務で使用する機械設備、安全装置、保護具の使用方法などが確実に理解されなければ、重大な事故が起こる危険性が高まりますので注意が必要です。

第4章 マネジメント

　また、外国人従業員に対して労働条件を明示する際、雇用契約書や就業規則を書面で交付するだけでは不十分な場合があります。誤解を生じさせないため、母国語による翻訳を交付する、通訳を介した説明を行う等の工夫や配慮が必要です。

　このように、外国人従業員とのコミュニケーションで気をつけるべきことは、コミュニケーションの齟齬が生じ得ることを常に認識して、丁寧に対応することでしょう。そういった使用者の対応は、事故や紛争の防止に繋がります。もちろん、外国人従業員を採用するにあたり、どの程度の語学レベルや日本での経験を求めるかは職場によって異なります。しかし、どのような外国人従業員に対しても丁寧なコミュニケーションを意識することがリスク管理に繋がるのです。

　異国の地で働く外国人労働者は、ややもすると、職場で疎外感を抱えがちです。外国人従業員に生き生きと働いてもらうためにも、従業員との丁寧なコミュニケーションを意識した労務管理が不可欠です。

（弘中 章）

Q56 工場での外国人従業員の安全衛生管理、適切に行うには？

どうすれば外国人従業員に対して工場での安全衛生の管理を適切に行うことができますか。

まずは「外国人指針」の確認を。

　外国人従業員を雇用する雇用主には、外国人の雇用状況を報告するとともに、外国人従業員の雇用管理の改善を図る努力義務が課せられており、安全衛生の管理については、厚生労働大臣が定める「外国人指針」に具体的な内容が定められています。

◇ 外国人指針に定められている内容

(1) 安全衛生教育の実施

　雇用主は、外国人従業員に安全衛生教育を行うにあたっては、外国人従業員がその内容をしっかりと理解できる方法により行わなければなりません。特に、外国人従業員に使用させる工場の機械設備や安全装置、保護具の使用方法等については、確実に理解してもらう必要があります。機械の使用方法が複雑な場合には、口頭で説明するだけでは不十分なこともありますので、イラストや簡単な日本語あるいは母国語によるポスターやパンフレットを用いるなどして、わかりやすく丁寧に行うことが大切です。

(2) 労働災害防止のための日本語教育等の実施

　雇用主は、外国人従業員に対して、労働災害を防止するための指示をする場合、それを理解するために必要な日本語や基本的な合図（「前後確認」、「危険」、「入るな」等）を習得させるよう努めなければなりません。

(3) 労働災害防止に関する標識、掲示等

雇用主は、工場内に労働災害を防止するための標識や掲示をする場合、写真やイラスト等を用いて、外国人従業員にもきちんと理解されるよう工夫しなければなりません。

(4) 健康診断の実施等

労働安全衛生法は、労働者の健康を確保するために、1年以内ごとに1回（ただし、深夜業労働者等は6か月ごとに1回）、定期的に医師による健康診断を実施しなければならないと定めています（66条、労働安全衛生規則44条、45条）。したがって、雇用主は、外国人従業員に対しても健康診断を実施する必要があります。もっとも、健康診断になじみが薄い外国人従業員もいますので、その実施にあたっては、健康診断の目的・内容を外国人従業員が理解できる方法によって説明するとともに、外国人従業員に対して健康診断の結果に基づく事後措置を実施するときには、健康診断の結果並びに事後措置の必要性及び内容を当該外国人従業員が理解できる方法により説明するよう努めなければなりません。

(5) 健康指導及び健康相談の実施

雇用主は、外国人従業員に対しても、産業医、衛生管理者等を活用して、健康指導及び健康相談を行うよう努めなければなりません。特に、宗教・文化や風習の違い、言葉の壁などから、ストレスを抱えている外国人従業員が少なくありませんので、精神面にも配慮することが必要です。

(6) 労働安全衛生法等関係法令の周知

雇用主には、労働安全衛生法等関係法令の内容について周知を行うことが求められています。その際には、わかりやすい説明書を用いて、外国人従業員の理解を促進するため必要な配慮をする必要があります。

（芝池 俊輝）

2 メンタルヘルス

 外国人従業員の精神的な問題への対処は？

外国人従業員が精神的な問題を抱えた場合は、どのように対処すればよいでしょうか。

 特有の問題を理解し、きめ細かな対応を。

　外国人従業員は、言葉や文化・宗教、習慣が違う日本の職場で働くことによって大きなストレスを受け、精神的な問題を抱えてしまうことが少なくありません。雇用主は、従業員が安全で心身ともに健康に働くことができるよう配慮する義務（安全配慮義務）を負っていますので、従業員のメンタルヘルスが悪化しないよう対策を講じる必要があります。特に、日本語の能力が十分ではなく、また日本の滞在期間が短い外国人従業員については、よりきめ細かな対応が求められます。

◇ コミュニケーションの促進・面談

　まずは、外国人従業員の精神面に不安が見られたら、上司や同僚とのコミュニケーションを促すとともに、業務上の連絡を密に取るなどして、孤立しないよう目配りすることが必要です。外国人従業員の心身をケアする担当者を決め、情報を共有する体制を作ることも有用でしょう。

　そして、その外国人従業員が、何らかの精神的な問題を抱えているように思われた場合には、面談をし、時間をかけて丁寧に話を聴くことが大切です。職場の同僚や上司とのトラブルを抱えていたり、差別を受けていることが判明するかもしれません。そのような場合には、関係者からも事情を聴いた上で、

速やかに対策を講じることが必要となります。

◇ 医療機関の受診・休職

　もし、作業中にミスや軽微な事故を繰り返すようになったり、遅刻や欠勤が目立つようになっている場合には、医療機関の受診を勧めるべきでしょう。メンタルヘルスが不調な従業員が、医師による診察と治療を受けるよう指示してもこれを無視して出勤を続け、仕事も十分に行えず、他の従業員の業務にも支障を生じさせているような場合には、就業規則に休職の規定があれば、休職を発令することが可能です。特に外国人従業員の場合、休職や失業によって在留資格を失うことを恐れて、病院に行くことを拒むことがありますが、本人の体調を最優先にし、休職・復職の扱いについて丁寧に説明した上で、説得する必要があるでしょう。

　医師を受診した結果、休職が必要と判断された場合には、就業規則に基づき、休職させる必要があります。休職期間中に傷病が治癒すれば復職となり、治癒せずに休職期間が満了すれば退職として扱うことに問題はありませんが、当該疾病が業務に起因する場合には、当該疾病罹患中の退職扱いは労働基準法19条の類推適用により無効となりますので、注意が必要です。

（芝池　俊輝）

3　家族の呼び寄せ

Q58　外国人従業員の家族を呼び寄せることは可能？

外国人従業員が、本国にいる家族を日本に呼び寄せることはできますか。

家族が在留資格を取得することにより日本滞在は可能。

　呼び寄せる家族が在留資格を取得することによって、日本に滞在することができます。在留資格を取得するために必要な手続は、日本に滞在する目的、期間によって異なります。

◇「短期滞在」の在留資格

　家族を呼び寄せる目的が、観光や一時的な訪問、冠婚葬祭への参加等であれば、「短期滞在」という在留資格により呼び寄せることになります。与えられる在留期間は15日、30日または90日です。この場合には、原則として、本国にある日本大使館等であらかじめ査証申請をする必要があります。例外的に、査証免除取り決めをした国の旅券を所持している方については、本国の日本大使館等で査証を取得することなく日本に入国することができます。

　なお、「短期滞在」で日本に入国した後、後記の「家族滞在」の在留資格に変更することは認められていません。

◇「家族滞在」の在留資格

　家族を呼び寄せる目的が、日本に長期間滞在し、一緒に暮らすということであれば、「家族滞在」という在留資格により呼び寄せることになります。「家

族滞在」の在留資格は、「教授」、「芸術」、「宗教」、「報道」、「経営・管理」、「法律・会計業務」、「医療」、「研究」、「教育」、「技術・人文知識・国際業務」、「企業内転勤」、「介護」、「興行」、「技能」、「文化活動」、「留学」のいずれかの在留資格をもつ外国人の方が、扶養を受ける配偶者もしくは子を日本に呼び寄せるために認められるものです。したがって、「家族滞在」では、両親を呼び寄せることができないことに注意が必要です。「家族」にはあたらない両親や同性婚のパートナーを呼び寄せるためには、「特定活動」という在留資格を取得する必要があります*。

　また、「配偶者」は、法的に婚姻している方に限られます。内縁の配偶者や同性婚が認められている国で同性婚をした場合などは含まれません。一方、「子」については、嫡出子、認知された非嫡出子、普通養子・特別養子を含みます。養子は、就労資格等の在留資格をもっている外国人と養子縁組していることが必要です。

　日本に呼び寄せる家族は、日本に滞在する外国人から扶養を受けていなければなりません。したがって、就労資格等の在留資格で在留する外国人は、自らに扶養能力があること、配偶者または子が、実際に扶養を受け、または監護・教育を受けていることを証明する資料を入国管理局に提出する必要があります。

　家族が「家族滞在」の在留資格を取得するためには、日本国内で在留資格認定証明書の交付を受け、母国の扶養家族が在留資格認定証明書を自国の日本大使館または総領事館に持参してビザの発給を受けることになります。

◇ 日本での就労について

　「短期滞在」の在留資格では就労することができません。「資格外活動許可」を受けて働くことも認められていません。もっとも、臨時の報酬・謝金などを伴う一定の活動は許されます。例えば、親族・友人などの依頼によって日

---

*　法務省　入国管理局「同性婚の配偶者に対する入国・在留審査について（通知）」（平成25年10月18日法務省管在第5357号）。

常生活上の家事に従事することに伴い、臨時の報酬を得ることは認められています。

　「家族滞在」の在留資格についても、日常的な活動（家庭生活等）に限定されていますので、就労することはできません。もっとも、資格外活動許可を受けることにより、1週間について28時間以内であれば、単純労働についても認められ、包括的に許可されます。

（芝池　俊輝）

第4章　マネジメント

 外国人従業員の家族の日本での生活、注意点は？

外国人従業員の家族が日本で生活するにあたり、雇用主として注意すべきことは何ですか。

 特に住居の確保、賃料の控除、在留資格に注意し、できる限りのサポートを。

◇ 住居の確保

　外国人が日本で賃貸住宅を借りようとすると、しばしば、外国人であるという理由で貸主に入居を断られたり、日本人の保証人が必要であるなどといわれて、結局契約に至らないといった困難に直面します。これは本人にはどうしようもない問題ですが、その原因が、貸主の側で当該従業員の収入や在留を不安に思っているとか、文化の違いを過度に恐れているといった点にある場合もあります。そのようなときには、雇用主として、貸主に説明をするなどのサポートをするだけでも、スムーズに行く場合があります。

◇ 賃料の控除

　雇用主において、賃貸住宅を借り上げたり、寮を用意するなどの方法を取ると、上述のようなトラブルを避けることができます。この場合に注意する必要があるのは、その費用を給与から控除する場合です。賃金からの控除については、「法令に別段の定めがある場合又は当該事業場の労働者の過半数で組織する労働組合があるときはその労働組合、労働者の過半数で組織する労働組合がないときは労働者の過半数を代表する者との書面による協定がある場合においては、賃金の一部を控除して支払うことができる」と規定されています（労働基準法24条1項ただし書）。そして、労使協定が締結されている場合でも、控除が認められるのは、「事理明白なもの」に限られるとされています（昭和27年9月20日基発675号）。外国人技能実習生の寮などでは、

189

金額についてより詳細なルールが設定されています。

　控除をするためのステップを踏まなかったり、実際にかかった費用以上の金額を控除すると、従業員から返還請求を受ける可能性があります。

◇ 在留資格

　外国人従業員の在留資格の種類によっては、外国に住んでいる家族を「家族滞在」という在留資格で日本に呼び寄せて一緒に生活することが可能です。家族が一緒に暮らすのは望ましいことではありますが、「家族滞在」の在留資格は、日本でできることに大きな制限があるので注意が必要です。例えば、原則として就労は禁止されています。資格外活動許可を得れば就労可能ですが、アルバイト程度に限られます。このことから、「家族滞在」の在留資格で日本の高校に通う子どもが就職するときに在留資格を変更する必要があるなど、対応が必要です。

　家族を日本に呼び寄せることが難しい場合には、従業員が一時帰国をすることができるように休暇の取得に配慮するなど、従業員の家族生活をケアすることが、従業員の定着率や士気の向上に繋がるでしょう。

◇ その他

　外国人が日本で暮らすことは、想像以上に困難なことであり、また、不便を感じることも多いものです。職場という社会生活を持たない家族にとっては、従業員自身とは違ったストレスや不都合があり得ます。雇用主として、従業員からの相談に応じ、できる限りのサポートをする姿勢を示すことが、働きやすい職場環境の創出に繋がるといえます。

（尾家 康介）

第4章　マネジメント

 外国人従業員の子どもが日本の学校に通う際の注意点は？

外国人従業員の子どもが日本の学校に通う場合、注意すべきことは何ですか。

 在留資格の確認に加え、学校や就学支援に関する情報の提供も有効。

◇ 外国人の子どもの在留資格

　家族を連れて日本に滞在する外国人労働者の最も大きな心配の1つが、子どもの教育です。

　まず、日本の学校に通う場合、子どもについても中長期の「在留資格」を取得することが必要です。もちろん、両親の一方が日本国籍を有する場合は、原則として子どもは日本国籍となりますので[*1]、「在留資格」を取得する必要はありません。また、子どもが独自に「留学」の在留資格を付与される場合も、日本の大学等で学ぶことができます。

　両親ともに外国人である場合、その子どもに付与される在留資格は、両親の在留資格と子どもの出生地により異なります。

　両親の在留資格としては、「永住者」や「定住者」などの「身分または地位に基づく在留資格」と「活動に基づく在留資格」に分かれます。両親の1人が「永住者」である場合、国内で出生した子どもは「永住者の配偶者等」の在留資格を付与されますが、出生から30日以内に「永住者」の在留資格取得許可申請を行うと「永住者」が付与される可能性があります。なお、海外で出生した場合は「定住者」です。両親の1人が「定住者」の場合は、出生

[*1] 二重国籍となる場合もあります（国籍法14条1項「外国の国籍を有する日本国民は、外国及び日本の国籍を有することとなった時が20歳に達する以前であるときは22歳に達するまでに、その時が20歳に達した後であるときはその時から2年以内に、いずれかの国籍を選択しなければならない。」）。

191

地を問わず、子どもの在留資格は「定住者」となります。両親の1人が「活動に基づく在留資格」の場合は、条件を満たせば、子どもは「家族滞在」の在留資格を付与されます。詳細は以下の図表を参照してください。

　なお、後記のとおり不法滞在の場合であっても外国人の子どもは義務教育を受けることができます。

■図表　両親ともに外国人である場合の子どもの在留資格

両親の在留資格（1人あるいはともに）		出生地	子どもの在留資格
身分または地位に基づく在留資格（入管法別表第2）	「定住者」	国内／海外	「定住者」
	「永住者」	国内	「永住者の配偶者等」ただし、出生から30日以内の申請により「永住者」付与の可能性あり。
		海外	「定住者」
活動に基づく在留資格（入管法別表第1）（※1）	「教授」「芸術」「宗教」「報道」「高度専門職」「経営・管理」「法律・会計業務」「医療」「研究」「教育」「技術・人文知識・国際業務」「企業内転勤」「介護」「興行」「技能」「文化活動」「留学」	国内／海外	「家族滞在」（※2）

（※1）「外交」、「公用」、「技能実習」、「短期滞在」、「研修」、「家族滞在」、「特定活動」以外の入管法別表第1に掲げる在留資格。「技能実習」については、現在、家族帯同は認められていません。ただし、「経済財政運営と改革の基本方針2018」（平成30年6月15日閣議決定）は「新たな外国人材の受入れ」について、「外国人材の在留期間の上限を通算で5年とし、家族の帯同は基本的に認めない。ただし、新たな在留資格による滞在中に一定の試験に合格するなどより高い専門性を有すると認められた者については、現行の専門的・技術的分野における在留資格への移行を認め、在留期間の上限を付さず、家族帯同を認めるなどの取扱いを可能とするための在留資格上の措置を検討する」としています。

（※2）　当該在留資格を有する親の「扶養」を受けていることが必要です。「扶養を受ける」とは、扶養者が扶養の意思を有し、かつ、扶養することが可能な資金的裏付けを有することが認められることをいいます。さらに子については、扶養者の監護養育を受けている状態にあることをいいます。子が経済的に独立している場合は、別の在留資格の検討が必要となります。

◇ 外国人の子どもが入学できる学校

外国人の子どもが入学することができる日本の学校にはどのようなものがあるのでしょうか。

まず、国籍や在留資格の有無を問わず、外国人の子どもは公立の小中学校で無償の義務教育を受けることができます。日本国憲法は、日本国民に子どもに対する普通教育を受けさせる義務を課していますが、子どもの教育を受ける権利は国際人権条約で保障された基本的人権の1つであることから、公立の小中学校等では入学を希望する外国人の子どもを無償で受け入れています。教科書の無償給付や就学援助（学用品の購入費、学校給食費、修学旅行費等の援助）について日本人の児童生徒と取扱いが異なることはありません。

しかし、言葉や文化の違いから授業についていけなかったり、学校になじめず不登校になってしまう子どもも少なくありません。また、両親が日本の生活に慣れていない場合、日本の学校に関する情報を得ることができないために手続ができず、児童の不就学に繋がることもあります。

文部科学省では、外国人児童生徒のための就学ガイドブックを多言語（英語、韓国・朝鮮語、ベトナム語、フィリピン語、中国語、ポルトガル語、スペイン語）で作成し、日本の学校に関する情報や入学手続、得られるサービスについてわかりやすく説明しています[2]。また大学・研究機関[3]、地方自治体[4]やNPO法人などが外国人児童生徒のための補習教材の提供や日本語教室の開催など教育支援活動を実施しています。こうした情報を外国人従業員の雇入れの際に提供することも有効な福利厚生といえるでしょう。

---

[2]　文部科学省「外国人児童生徒のための就学ガイドブック」（http://www.mext.go.jp/
a_menu/shotou/clarinet/003/1320860.htm, 平成30年7月25日最終閲覧）。

[3]　東京外国語大学 多言語・多文化教育研究センター「外国につながる子どもたちのための教材」（http://www.tufs.ac.jp/blog/ts/g/cemmer/social.html, 平成30年7月25日最終閲覧）。

[4]　東京都教育委員会「外国人児童・生徒用日本語テキスト『たのしいがっこう』」平成21年3月（最終更新日：平成30年2月28日）（http://www.kyoiku.metro.tokyo.jp/
school/document/japanese/tanoshi_gakko.html, 平成30年7月25日最終閲覧）。

言葉や文化の壁への懸念あるいは親の教育方針から、子どもを普通学校（いわゆる一条校）ではなく、外国人・民族学校やインターナショナルスクールで学ばせることも可能です。日本の普通学校のカリキュラムを母国語で教えたり、日本語の授業も行う学校もあります。ただし外国人学校は、学校教育法で「各種学校」と扱われているため、卒業をしても日本国内では正式な義務教育を受けた、もしくは高等学校を卒業したとはみなされないことになります。とはいえ、日本の高等教育機関（大学・大学院）の多くは、個別の入学資格審査により外国人学校の卒業生に入学資格を認めています。また多くの外国人学校が日本の高等学校に相当として指定されています[5]。

（板倉 由実）

---

[5]　文部科学省「大学入学資格について」（http://www.mext.go.jp/a_menu/koutou/shikaku/07111314.htm，平成30年7月25日最終閲覧）。

4 多様性への配慮

 Q61 性同一性障がいの外国人従業員への対応は？

性同一性障がいの外国人従業員がいます。トイレや更衣室を男女で分けるのでは不十分ですか。

A 皆が気持ちよく働けるような環境づくりが重要。

　性同一性障がいの従業員への配慮は、外国人に限った問題ではありません。皆が気持ちよく働けるような環境づくりが重要です。

　性同一性障がいの従業員（特に、法律上の性別を変更していない場合）にとっては、トイレや更衣室が男女で分かれている場合に、自分の本来の性別の方を利用してもよいのかという問題に直面します。また、他の従業員の間に誤解を生じさせるおそれもあります。

　性同一性障がいだけでなく、ジェンダーマイノリティーの人たちがこのような問題を抱えずに済むように、ジェンダーフリーのトイレや更衣室を設ける企業もあります。また、既存の多目的トイレ等を活用する例もあります。

　法律的にいえば、現在の日本では、性同一性障がいの従業員（特に、法律上の性別を変更していない場合）のために、ジェンダーフリーのトイレや更衣室を準備しないからといって、違法であるとはいえないかもしれません。しかし、本人にとっては深刻な問題であり、また、諸外国・地域の中には、この点での対応が日本よりも進んでいるところもありますので、使用者としては、できる限りの配慮をすることが、よりよい就労環境づくりと士気の向上に繋がります。

（尾家　康介）

Q62 外国人従業員の同性パートナーへの扶養手当は必要？

同性のパートナーと同居して生活している外国人従業員にも、扶養手当を出す必要がありますか。

 できる限りの配慮をすることが、よい人材の確保にも繋がる。

　日本では、異性のパートナーとの間では、婚姻という法律上の制度を利用することにより、法律上「夫婦」と認められ、行政サービスや会社の制度の恩恵を受けることができます。ところが、同性のパートナーとの間では婚姻をすることができないため、異性の夫婦と同じようにパートナーと共同生活を営んでいる場合であっても、「夫婦」のために用意された各種の制度を利用できないということがあります。

　日本の法律は、同性同士の婚姻を認めていないため、同性のパートナーと共同生活をしている人を、異性のパートナーと婚姻している人と同じように扱わなかったとしても、法律上は違法であるとはいえないかもしれません。

　しかしながら、異性のパートナーの繋がりは認めるのに、同性のパートナーの繋がりは認めないとすると、会社として、性的指向そのものを差別していると捉えられかねません。最近では、同性の二者間の繋がりに対して、東京都渋谷区が「パートナーシップ証明書」を発行し、世田谷区が「パートナーシップ宣誓」を受け付けるなど、社会的にも同性の共同生活を認める方向にあります。すでに同性のパートナーを配偶者として認め、福利厚生を適用している企業もあります。

　従業員にとってより働きやすい環境を整える一環として、できる限りの配慮をすることが、よい人材を確保するという結果にも繋がることでしょう。

（尾家　康介）

第4章　マネジメント

Q63 同性配偶者・パートナーの在留資格は？

海外では同性婚が法的に認められている国もあります。同性のパートナーや配偶者の在留資格はどうなりますか。

相手が日本人か否か、同性婚が成立しているか否かで変わる。

　一般に、外国人が日本人と婚姻をしている場合には、「日本人の配偶者等」という在留資格によって日本に滞在することができる可能性があります。ところが、ここでいう「配偶者」とは、日本の法律で認められた婚姻をしている人、という意味で解釈・運用されています。日本の法律では同性婚が認められていないため、日本人と外国人が、同性婚が認められている外国で有効な婚姻をしていたとしても、当該外国人に「日本人の配偶者等」の在留資格は与えられません。

　その一方で、外国人同士が、それぞれの本国で有効な同性婚をし、2人のうちの片方に在留資格がある場合には、その同性配偶者に対して、「特定活動」という在留資格が与えられることになっています。しかし、相手が日本人である場合には、海外で有効な同性婚をした外国人の同性配偶者が当該日本人と生活するために来日しても、「特定活動」の在留資格は付与されません。相手が日本人である場合とそうでない場合とで、同性婚配偶者の取扱いに違いがあるのです。

　なお、本国においても同性婚が成立していない場合には、家族としての在留資格の取得は難しいでしょう。

（尾家 康介）

197

Q64 礼拝の時間の賃金支払いの必要性は？

宗教上の理由により一定の時間に礼拝を捧げることを認めていますが、礼拝の時間の分も賃金を支払う必要がありますか。

A 法律的には必ずしも必要ではないが、例えば喫煙の時間とのバランスなどを考えて配慮を。

　日本における外国人労働者数は年々増加し、現在、約128万人（平成29年10月末）に達しています。国籍別にみると1位中国、2位ベトナム、3位フィリピンとなっています。欧米のみならず、フィリピンなどの東南アジア諸国でも敬虔なキリスト教徒は多く、また、インド、ネパール、インドネシアなどでは国民の多くがイスラム教を信仰しています。宗教によっては、礼拝を行うことが、通常日本で考えられているよりもずっと重要な、人生の一部をなしていることがあります。筆者もイスラム教の方とお話ししたときに、「礼拝を行うことで精神の安定が保たれ、仕事がはかどる」と聞いたことがあります。

　従業員が雇い主の指揮命令下から離れていることが明確であれば、法律的にはその時間の分の賃金を支払う必要はない、ともいえます。しかし、さまざまな宗教的、文化的なバックグラウンドを有する人たちが、自尊心をもって効率的に仕事をする職場環境も重要です。

　例えば、イスラム教徒にとって礼拝は、現世だけでなく死後の世界にも栄える人間がしなければならないことの1つとされています。1日5回の礼拝を行いますが、時間的に余裕がない場合は、礼拝を簡略化して短時間（5〜10分）で済ませることもできます。従業員の中には喫煙者もいると思いますが、通常、「喫煙の時間を勤務時間から除外し、賃金を支払わない」という会社はありません。こういった中で、短時間の礼拝の時間について勤務時間から除外し、賃金をカットするなどの不利益処分を科すことはアンバランスであり、職場差別の問題にも繋がります。

また、例えばキリスト教では日曜礼拝を行うことが多いなど、宗教によって特定の曜日に勤務ができない場合があるかもしれません。

多様なバックグラウンドをもった人たちが働きやすい環境を整えるために、使用者としてできる限りの配慮をし、個々の従業員を大切にしていることを示すことは、従業員の士気向上にも繋がるはずです。一方、礼拝の時間、回数、場所など、業務や他の従業員にマイナスの影響が生じないよう、ルールを作成することは必要となるでしょう。ルールづくりの過程においても、宗教的な配慮を必要とする従業員の意向や希望を確認したり、会社としてできること、できないことについて説明するなど、相互理解が重要となります。

日本最大のイスラム教寺院（モスク）である東京ジャーミィ（東京都渋谷区大山町）のウェブサイトでは、イスラム教の礼拝や食事（ハラルフード）などイスラム文化に関する情報を提供しています*。参考にしてみてください。

（板倉 由実）

＊ Tokyo Camii & Turkish Culture Center　東京ジャーミィ・トルコ文化センター（https://tokyocamii.org/ja/．平成30年7月18日最終閲覧）。

Q65 社員食堂のメニュー、宗教に応じた対応をしないことは違法？

社員食堂のメニューはどれも、宗教上の理由により食べられないという外国人従業員がいます。対応しないのは違法でしょうか。

 一概に違法とはいえないが、職場環境配慮義務を考え、できる限りの対応を。

◇ 福利厚生サービスは労働条件の一部

　労働契約とは労働者が提供する労務に対して、使用者が対価（給与）を支払う契約をいいます。つまり労働契約上は、企業は社員食堂を設ける義務はありませんし、食堂の利用を従業員に義務付けているわけでもありません。社員食堂で提供されるメニューが好みではない労働者は、自分でお弁当を持ってきたり、外部の食堂を利用すればよい、と考える人もいるかもしれません。しかし、企業がいったん社員食堂を設けた場合は、企業の福利厚生サービスとして労働条件の一部となります。

　労働基準法3条は「使用者は、労働者の国籍、信条又は社会的身分を理由として、賃金、労働時間その他の労働条件について、差別的取扱をしてはならない」と定めています。すなわち、企業は、従業員に対する福利厚生サービスについても、他の労働条件と同様に、宗教を理由に差別的取扱いをすることが禁じられているのです。

◇ 差別的な取扱いとは

　しかし、どのような取扱いが差別的といえるかについては、企業の規模、経営状況、社員食堂を利用する従業員の割合、社員食堂運営会社の対応可能性なども考慮する必要があります。

　例えば、イスラム教では「食べてよいもの」と「食べてはいけないもの」が細かく定められています。食べてよいと定められた食べ物を「ハラルフー

第4章　マネジメント

ド」といいますが、豚肉とアルコールは全面的に禁止されています。それ以外の食材でも加工方法などについて決まった処理方法があるといわれています。一般の日本人にはわかりにくいかもしれませんが、ハラルではないものを食するということは、イスラム教徒にとっては神に背くことを意味する重大な問題であるということを理解する必要があります。

　また、肉や魚に加え、卵、乳製品、はちみつなど動物性食品を一切口にしない完全菜食主義者（ビーガン）は、外国人のみならず、日本人でも増加しています。もともと日本には精進料理（野菜類、穀類、海藻類、豆類、木の実、果物を食材とし、生臭物とされる肉や魚介類を使わない料理）の文化があり、国内外で人気があります。

　とはいえ、手間や費用などを考えると、一般社員向けのメニューとは別に、ハラル認証された食材を用いるなど特別なメニューを毎日提供することが難しい場合もあります。一方で外国人労働者を多く雇用する企業の社員食堂では、毎日のメニューにハラルフードやベジタリアンメニューを提供しているところもあります。

　従業員全員に向けた福利厚生が、特定の従業員の属性によって利用が制限されるという状況は、仮に違法な差別とはいえない場合でも、当該従業員が孤立感や疎外感を感じる大きな原因となり、ひいては士気の低下や離職に繋がる可能性があります。初めから宗教など個別事情に応じた食事は準備できない、と拒否するのではなく、当該従業員と協議しながら、可能な範囲で対応することが必要でしょう。そうした配慮は、外国人労働者を受け入れる企業に課せられた職場環境配慮義務といえるかもしれません。さまざまな文化的・宗教的特性のあるメニューを他の従業員も一緒になって楽しむことで、活気のある明るい職場づくりに繋がるかもしれません。

（板倉　由実）

201

Q66 外国人従業員のセクシュアルハラスメント被害、対応方法は？

アメリカ人の女性従業員からセクシュアルハラスメントの被害申告がありました。日本語ができないので、十分な聞き取りもできず、本人もストレスを感じているようです。相談体制としてどのような工夫が必要ですか。外国語で対応してくれる公的な相談機関はありますか。また外国人と日本人とで、ハラスメントの賠償金額は異なりますか。

公的機関も活用しながら母国語で相談に対応する体制の整備を。

　アメリカの著名な映画プロデューサーが、複数の女性からセクシュアルハラスメント被害の告発を受け、映画界から追放されたというニュースが話題になりました。欧米では日本に比し、男女平等の意識が強く、セクシュアルハラスメントは性暴力であるとともに重大な性差別と考えられています。今後、外国人労働者が増加すれば、従前は許容されていた発言でも、性別・人種・国籍・宗教等を理由とする重大な差別と捉えられ、深刻な労働紛争に発展してゆく可能性があります。

◇ 企業の取るべき対応についての法律・判例

　ところで、男女雇用機会均等法11条1項は、性的言動に対して労働者が対応したことにより不利益を受けたり（対応型）、就労環境が害されること（環境型）のないよう、企業に対して事前及び事後の措置を取る義務を課しています。事前措置には従業員への啓発・研修や就業規則での懲戒処分の明確化などがあります。事後措置として相談体制の整備と迅速・適切な調査等の対応があります。

　性的加害行為があったとの申告が被害者からされた場合、職場を監督する立場にある者（職場監督者）は、どのような加害行為がされ、これにより被

害者がどの程度の被害を受けたのかという事実関係の調査を行った上で、被害の深刻さに応じ、①被害職員が心身の被害を回復できるよう配慮すべき義務（被害配慮義務）を負うとともに、②加害行為によって当該職員の勤務環境が不快なものとなっている状態を改善する義務（環境調整義務）を負うし、③性的被害を訴える者がしばしば職場の厄介者として疎んじられさまざまな不利益を受けることがあるので、そのような不利益の発生を防止すべき義務（不利益防止義務）を負うと解される、と判示した判例もあります*。

◇ 具体的な対応例

　このような法律や判例を前提とすると、日本語がわからない外国人従業員がハラスメントの被害申告をした場合、当該従業員が安心して相談をし、心身の被害を回復できるよう、当該従業員の母国語で相談に対応する体制を可能な限り整備する義務があるといえるでしょう。具体的には、外国語のできる従業員や弁護士を相談担当としたり、本人の知人や家族などを同席させることなどが考えられます。社内で対応できない場合は、公的機関の協力を求めることも必要です。市・区役所の法律相談や各地の労働局は、事前に連絡をすれば、外国語で対応可能な職員や通訳を配備してくれる場合もあるようです。また、東京都労働相談情報センターは外国人労働相談を実施しており、英語・中国語での相談が可能です。事前に連絡をすれば、スペイン語、ポルトガル語、ハングル、タイ語、ベトナム語の5言語の通訳をセンターに派遣する制度もあります。各都道府県の弁護士会にも外国人法律相談センターがあり、外国語が堪能な弁護士が対応したり、通訳の派遣を行っています。東京弁護士会が運営する都市型公設事務所である弁護士法人東京パブリック法律事務所には外国人・国際部門があり、外国語の堪能な弁護士が常駐しています。

---

*　北海道航空自衛隊性暴力事件・札幌地裁平成22年7月29日判決、判例集未登載。

◇ ハラスメントの賠償金額

　ハラスメントの賠償金額については、日本人同士であっても、事案や被害の大きさによって異なるため、相場があるわけではありません。また、損害の中には、慰謝料、逸失利益、治療費、弁護士費用などさまざまな項目があり、それぞれ算定方法が異なります。ただ、一般的に日本のセクシュアルハラスメント事案において、裁判所の賠償金の認定水準は、欧米に比べると低いといわれています。アメリカでは、連邦法である公民権法7編「雇用における差別の禁止」において懲罰的制裁制度が定められており、事案が悪質である場合は、逸失利益や治療費などの実損のほかに懲罰的制裁金が科せられることがあります。企業の従業員規模により上限規制があり、従業員規模15人以上100人以下の場合は5万ドル、101人以上200人以下の場合は10万ドル、201人以上500人以下の場合は20万ドル、500人を超える場合は30万ドルが上限となっていますが、企業にとっては十分、大きな打撃となる金額です。

　また、外国人の場合、在留期間も考慮する必要があります。裁判所は、逸失利益の算定においても、在留期間（在留可能期間）中は日本の給与水準で算定しますが、以降は母国の給与水準で算定するのが一般的です。

（板倉　由実）

第5章

紛争解決

1 裁判外の紛争解決

Q67 外国人従業員からの労働条件交渉申込み、対応は？

外国人従業員が労働条件について交渉を申し込んできました。日本語があまりできないようなので、放っておいてもよいでしょうか。

 労使対等が原則。放置すると違法になる可能性も。

　外国人従業員が労働条件について交渉を申し込んできた場合、日本語ができないという理由で放置すると、労働条件自体が無効になったり、放置した行為が違法になる可能性があります。また、外国人従業員が労働組合を結成し、団体交渉の申入れをしたにもかかわらず、無視するなど適切な対応をしないと、不誠実団交として不当労働行為に該当する可能性があります。

◇ 労働条件・労働契約とは

　労働基準法は、「労働条件は、労働者が人たるに値する生活を営むための必要を充たすべきものでなければならない」（1条1項）、「この法律で定める労働条件の基準は最低のものであるから、労働関係の当事者は、この基準を理由として労働条件を低下させてはならないことはもとより、その向上を図るように努めなければならない」（1条2項）と定めています。さらに、「労働条件は、労働者と使用者が、対等の立場において決定すべきものである」（2条1項）、「労働者及び使用者は、労働協約、就業規則及び労働契約を遵守し、誠実に各々その義務を履行しなければならない」としています（2条2項）。また、労働契約法も、「労働契約は、労働者及び使用者が対等の立場における合意に基づいて締結し、又は変更すべきものとする」と定めています（3

第5章　紛争解決

条1項）。つまり、労働契約の内容は、会社と従業員の対等な立場での交渉を通じて、合意によって決定されるものであり、会社が一方的に決めることができるものではないということです。

会社には、「労働者に提示する労働条件及び労働契約の内容について、労働者の理解を深めるように」する理解促進義務がありますし（労働契約法4条1項）、労働契約の内容を書面等により明示する義務があります（労働基準法15条1項）。したがって、仮に従業員が外国人で日本語があまりできない場合でも、当該従業員が理解できるよう、わかりやすい日本語または母国語の通訳を通じて説明をするほか、労働契約や提示する労働条件の内容を書面にした上で、ふりがなを振ったり訳文を付すなどの措置が必要でしょう。

特に、いったん決定された労働条件を、従業員にとって不利益となる内容に変更する場合は、原則として当該従業員の同意がなければ変更することができません。また、労働条件の変更を、就業規則の変更を通じて行う場合でも、当該就業規則を労働者に周知することはもとより、労働者の受ける不利益の程度、変更の必要性、変更後の内容の相当性、労働組合等との交渉の状況その他の事情によっては、変更後の就業規則自体が無効になる可能性があります（労働契約法9条、10条）。

◇ 労働組合の団体交渉申入れに対しては

外国人従業員が労働組合を結成し、団体交渉を申し入れてきた場合はどうでしょうか。労働組合には、労働三権（団結権、団体交渉権、争議権）が保障されています。労働組合法は、これらの権利を侵害する行為を不当労働行為として、使用者による不利益取扱い、団体交渉拒否（不誠実団交）、支配介入を禁止しています（7条）。

◇ 労使対等の原則により、誠実かつ丁寧な対応を

交渉の申入れを放置することで、従業員の会社に対する不信感が募り、士気や生産性の低下に繋がることもあります。紛争が激化し、裁判になったり、職場が荒れるなどの事態は、お互いにとって不幸なことです。特に外国人従

207

業員の場合は、言葉がわからなかったり、日本人が多くを占める職場の中で孤立感を抱えていることが少なくありません。また、言語や文化の違いにより、自身の労働条件の内容や理由を正確に理解していない場合もあります。国籍や言語の違いにかかわらず、労使対等の原則により、誠実に、また丁寧に対応することが必要でしょう。

（板倉 由実）

Q68 外国人従業員が加入した労働組合から団体交渉申入れ、対応は？

外国人従業員が労働組合に入ったといって、聞いたこともない労働組合から団体交渉の申入れがありました。放っておいてもよいでしょうか。

放置することは不当労働行為に該当する可能性も。誠実に対応すべき。

◇ 正当な理由のない拒否は不当労働行為に該当

　労働組合から団体交渉の申入れがあったにもかかわらず、これを正当な理由なく拒否することは不当労働行為に該当します（労働組合法7条2号）。

　そして、労働組合法上の「労働者」に該当するかに関して国籍の有無は関係がありませんから、外国人従業員が労働組合に加入し、同組合が団体交渉を申し入れてきたとすれば、使用者は、これに応じる義務があります。労働組合法5条2項4号においても、法適合組合（労働組合法の保護を受けられる労働組合）となるためには、組合規約に、「何人も、いかなる場合においても、人種、宗教、性別、門地又は身分によって組合員たる資格を奪われないこと」という規定を含まなければならないとされており、「国籍」という言葉はないものの、外国人であっても組合員たる資格を奪われないという建前になっています。

　名前を聞いたことのない労働組合であっても、労働組合法2条が定める労働組合の定義及び規約の必要記載事項（同法5条2項）のすべての要件を充足すれば、労働組合法の保護を受け、労働委員会に不当労働行為救済申立てを行うことができます。したがって、放置をしていると、労働組合から、労働委員会に不当労働行為の救済申立てを行われる可能性があります。

◇ 団体交渉における使用言語

　ただし、労働組合の要求に応じることが求められるのではなく、誠実に団体交渉に応じれば足ります。この点に関し、外国人労働者が日本語に不慣れである場合、使用者は、労働組合と団体交渉を行うに際して、話し合いに使用する言葉に配慮しなければなりません。東京学芸大学不当労働行為審査事件（都労委平成27年不第17号）＊では、外国人教員が加入する組合が、大学側に対して団体交渉を英語で行うよう求めたところ、大学側が団体交渉は日本語で行い、同時通訳者が必要な場合には組合が手配すべきである、日本語によるものでない限りは団体交渉に応じないなどと回答し、団体交渉の場を設定しませんでした。この対応について、東京都労働委員会は、正当な理由のない団体交渉拒否にあたると認定し、団体交渉におけるルールを交渉議題とする団体交渉を申し入れたときは、日本語による交渉、労働組合による通訳の手配・同行という条件に固執することなく、誠実な団体交渉に応じなければならない、という救済命令を発しました（平成28年7月19日付）。

　東京都労働委員会の判断理由では、団体交渉における使用言語、通訳者の手配について、「団体交渉で使用する言語を一義的に決めることができない」事案であること、また、「団体交渉のルールは労使の合意で決定するのが原則であることをも勘案すると、本件労使間においては、円滑な団体交渉を行うため、団体交渉における使用言語及び通訳者の手配に関するルールについて、労使双方に合意形成のための相応の努力を行うことが求められていた」と指摘されています。本件では、職場で日常的に英語が使用されていたという特殊な事情がありますが、この事例を踏まえると、外国人が加入する労働組合と団体交渉を行う際、使用言語に配慮を求められた場合には、使用者としてその要望内容に慎重に対応していくことが要請されるといえましょう。

（弘中 章）

＊　中央労働委員会「労働委員会命令データベース」（https://www.mhlw.go.jp/churoi/ meirei_db/mei/m11650.html、平成30年8月18日最終閲覧）。

第 5 章 紛争解決

Column

外国人の労働組合結成・加入

　かつて日本では、労働組合が外国人労働者に対する支援活動を積極的に行ってこなかった時期がありましたが、1970年代には外国人労働者で構成される労働組合が初めて結成され、1980年代半ば以降に日本へ外国人が急速に流入するようになってからは、地域ベースのユニオンを中心として、労働組合の一部に外国人に対する支援活動の動きが見られるようになりました。

　他方で、外国人労働者が国内労働者の雇用機会を奪う、外国人労働者の存在が国内労働者の労働基準を切り下げる、などの問題意識から、日本国内の伝統的な労働組合には、外国人労働者の加入に積極的でないところもあります。そのため、現在でも、外国人労働者は、地域の労働組合に加入することが多いようです。また、外国人自ら労働組合やその分会を結成するという動きが見られることもあります。

　こうして、最近では、日本で働く外国人労働者が労働組合を利用して使用者と交渉する現象は珍しいものではなくなりました。例えば、職場を解雇された外国人労働者が駆け込みで地域の労働組合に加入し、解雇した勤務先に対して、解雇の撤回を求めて団体交渉を申し入れるということはしばしば見られます。

　加えて、労働組合は、自らが交渉主体になるだけでなく、日本での情報をもたない外国人を適切な紛争解決機関や、弁護士等の専門家に繋げる役割を果たすこともあります。労働組合の役割・機能は、外国人労働者の権利を擁護し、労働紛争を適切に解決するため、もっと注目されてよいと思われます。この役割を十分に発揮できるよう、労働組合も使用者も、適切なパートナーシップ、建設的な労使関係を構築する努力が求められています。

（弘中 章）

Q69 外国人従業員を無理に帰国させることに問題は？

外国人従業員を辞めさせたかったので、帰国の航空券を用意して空港に連れて行きました。問題はありますか。

 法律に従って手続を。

◇ 法律に従った雇用契約終了の手続

　外国人従業員にも労働基準法及び労働契約法の適用がありますので、辞めさせたいのであれば、法律の手続に従って辞めさせる必要があります。帰国の航空券を用意して、空港に連れて行き、無理やり帰国させてしまうのは問題があります。

　具体的には、民法上の雇用契約に関する規定（民法第623条以下）、労働基準法及び労働契約法の規定が適用されますので、法律の規定に従って雇用契約を終了させることが必要です。すなわち、外国人従業員の場合も労働契約法16条が適用され、解雇することについて客観的に合理的な理由があり、社会通念上相当である必要があります。さらに、ただちに解雇するのであれば、労働基準法20条に従って解雇予告手当を支払う必要があります。辞めさせるために帰国の航空券を用意し、空港に連れて行き、飛行機に乗せて帰国させる、というような対応は、問題の解決にならないどころか、かえって後に裁判になる可能性を生んでしまいます（Q75参照）。

◇ 技能実習生の場合

　それでも、技能実習生の場合、帰国の航空券を用意し、空港まで連れて行き、飛行機に乗せて帰国させてしまうことが実際にあるようです。技能実習生は研修する職種が決まっており、それ以外の職種での研修が認められていないため、同じ職種で受け入れてくれる会社を見つけることができなければ帰国

せざるを得ないという弱い立場にあります。それを利用し、会社が無理やり技能実習生を帰国させることがありました。また、技能実習生の場合、解雇から数日の間に帰国させられるということも少なくなく、即時解雇の場合に会社から解雇予告手当も支払われないというケースも聞きます。しかし、技能実習生が帰国したとしても、日本で研修先であった会社に対して裁判を起こすことも可能ですから、裁判のリスクを考えたときには、無理やり飛行機に乗せて帰国させてしまうのはよい方法ではありません。

　また、過去に技能実習生の意に反して技能実習計画の満了前に帰国させる事態が生じたため、技能実習法が改正されています（平成29年11月1日施行）。具体的には、実習先である会社は、技能実習を行わせることが困難となったときは監理団体に通知をし（技能実習法19条2項）、監理団体は、技能実習を行わせることが困難となった旨、外国人技能実習機構の地方事務所に届け出なければならないとされています（同法33条1項）。そして、監理団体はその届出を行う際、技能実習生に技能実習の継続意思の有無を確認し、その結果に応じた措置内容を、届出書の「団体監理型技能実習の継続のための措置」欄において報告しなければなりません（同法施行規則48条2項5号、別記様式18号「技能実習実施困難時届出書」8）。実習生が技能実習を継続したい希望があるときには、他の実習先や監理団体と連絡調整をしなければならないとされています（同法51条1項）*。

　したがって、会社が実習生に辞めてほしいような状況になった場合、会社は、実習生に技能実習を行わせることが困難になったとして監理団体に通知し、監理団体とともに、当該実習生に技能実習を継続する意思があるかを確認すべきです。そして、実習生に継続の意思があれば、会社は、帰国の航空券を用意して当該実習生を無理やり帰国させるのではなく、監理団体とともに、他の実習実施者や監理団体と連絡調整をし、実習生の次の実習先を探す必要があります。

（山浦　誠治）

---

*　山脇康嗣『技能実習法の実務』日本加除出版、2017年、135-136頁。

お金をかけない紛争解決の手段は？

お金をかけずに外国人労働者との紛争を解決する手段はありますか。

 あっせんや労働審判など。

　会社がお金をかけずに紛争を解決する手段としては、労働局におけるあっせん、労働委員会におけるあっせん、弁護士会によるあっせん、地方裁判所における労働審判などがあります。

◇ 労働局・労働委員会におけるあっせん

　労働局におけるあっせんとは、都道府県労働局に設置され弁護士等の学識経験者で構成される紛争調整委員会から指名された第三者が、当事者の間に入り、双方の主張を聞き、当事者間の調整を行い、話し合いを促進することにより、紛争の円満な解決を図る制度です。

　労働者からだけでなく、会社からも労働局にあっせんの申請ができ、都道府県労働局に置かれた紛争調整委員会であっせんを行うことができます。あっせんの対象となる紛争は、労働問題に関するあらゆる分野の紛争です。解雇、配置転換などの労働条件の不利益変更等に関する紛争、いじめ・嫌がらせ等の職場の環境に関する紛争、その他会社の所有物の破損に係る損害賠償をめぐる紛争などです。会社としては、上記の紛争について労働者と話し合って解決できないときには、有効な手段といえます。当然、外国人労働者も対象です。

　あっせんは、多くの時間と費用を要する裁判に比べ、手続が迅速かつ簡便です。費用もかかりません。会社と労働者であっせん案に合意した場合には、受諾されたあっせん案は民法上の和解契約の効力をもつことになります。また、あっせんの手続は非公開ですから、会社のプライバシーも保護されます。

もっとも、あっせんはあくまでも話し合いですから、労働者があっせん手続に参加する意思がない旨を表明したときは実施されませんし、実施されたとしても双方が希望しない場合には、具体的なあっせん案は提示されません。

また、同様のあっせんの手続は、各都道府県労働委員会でも行われています。ただ、東京都、兵庫県、福岡県の各労働委員会では、個別労働紛争のあっせんを行っていませんので、会社が東京都等にある場合には、労働局にあっせんの申立てをすることになります。

■図表　労働局におけるあっせんの手続

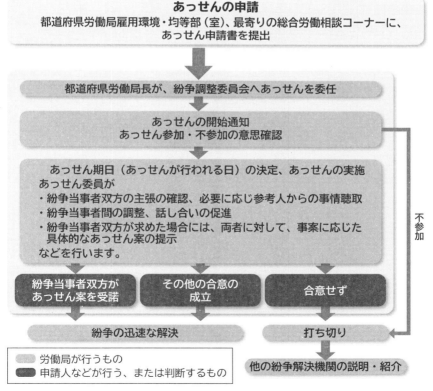

資料出所：東京労働局「無料労働紛争解決制度のご案内」「3．紛争調整委員会によるあっせん」

◇ 弁護士会によるあっせんと労働審判

　前述の労働局・労働委員会によるあっせんと異なり、無料ではありませんが、弁護士会によるあっせんの手続があります。この弁護士会のあっせんでは、当事者があっせん人・仲裁人に委ねて仲裁合意をした場合、仲裁人の仲裁判断によって労使問題を解決することができます。仲裁判断がなされた場合、同じ紛争について、以後、裁判手続等で争うことはできません。あっせん・仲裁手続に関する費用は、東京弁護士会の場合（平成30年7月現在）、申立手数料として10,800円（ただし、東京弁護士会の法律相談センターで法律相談をした場合は、5,400円）、期日手数料として、申立人・相手方が5,400円ずつ支払い、さらに和解成立や仲裁判断がなされたときには、解決額に応じた成立手数料が必要となります。

　また、これも無料ではありませんが、地方裁判所における労働審判は会社からも申立てをすることができます。詳しい手続等については、Q72を参照してください。

◇ あっせんや労働審判の前に

　労働局・労働委員会のあっせんや、弁護士会のあっせん、労働審判などの公的手続を利用することは、感情的に対立しがちな労使紛争を円滑かつ実効的な解決に導く上で有効です。

　しかし、これらの手続を利用する前に、各都道府県の労働局や労働基準監督署、あるいは法テラスの相談窓口を利用して、紛争解決に必要な情報やアドバイスを受けることも有効です。

（山浦　誠治）

第5章　紛争解決

 外国人労働者の労働組合結成・加入・相談、解雇要件とすることは可能？

外国人労働者との雇用契約書に「労働組合を結成したり、加入・相談した場合は解雇する」という条項を入れても問題ないですか。技能実習生の場合はどうですか。

 技能実習生含め、そのような解雇は不当労働行為。

　憲法28条で勤労者の団結権・団体交渉権・団体行動権が定められ、また、労働組合法7条1号で、労働者が労働組合に加入したり、結成しようとしたり、相談などの「労働組合の正当な行為」をしたことを条件に解雇することは不当労働行為とされていますから、そのような条項を雇用契約書に入れるのは問題です。技能実習生も勤労者・労働者に含まれますので同様です。

◇ 憲法28条

　憲法28条は、「勤労者の団結する権利及び団体交渉その他の団体行動をする権利は、これを保障する」としています。このうち、労働者が労働組合を結成したり、加入・相談することは、団結する権利（団結権）により保障されます。雇用契約書に外国人労働者が労働組合を結成あるいは加入した場合に解雇する条項が入っていたとしても、外国人労働者としては、当然に会社に労働組合を結成することもできますし、会社外のユニオンと呼ばれる労働組合に加入することもできます。

◇ 労働組合法7条1号

　憲法28条を受けて定められている労働組合法は、7条1号で、労働者が労働組合の組合員であることや、労働組合に加入し、またはこれを結成しようとしたこと、労働組合の正当な行為をしたことを理由に、使用者である会社がその労働者を解雇することを禁止しています。そのため、雇用契約書に外

国人労働者が労働組合を結成あるいは加入した場合に解雇する条項が入っていたとしても、会社が労働組合を結成あるいは加入した外国人労働者を解雇した場合、会社の行為は不当労働行為となります。この場合、労働組合員である当該外国人労働者または外国人労働者が加入している当該労働組合は、会社による解雇が不当労働行為であるとして、各都道府県に設置された労働委員会に救済申立てをすることができます（労働組合法27条1項）。労働委員会は、会社による解雇が不当労働行為であると認定すれば、救済命令を出すことになります（同法27条の12第1項）。

◇ 技能実習生

　技能実習生についても、労働組合法上の労働者であると考えられています。入管法の改正（平成22年7月1日施行）により、技能実習生が入国1年目から労働基準法上の労働者として、労働基準関係法令の適用対象となっていることもその根拠となります。

　以上のとおり、雇用契約書に「労働組合を結成したり、加入・相談した場合は解雇する」という条項を入れても、意味がありませんから、入れない方がよいでしょう。

（山浦　誠治）

2　裁判上の紛争解決

 裁判所を使った紛争解決手段とは？

裁判所を使った紛争解決手段にはどのようなものがありますか。

民事訴訟（通常訴訟・少額訴訟）・民事調停・労働審判。

　裁判所を用いた紛争解決手段には、民事訴訟（通常訴訟・少額訴訟）、民事調停、労働審判の手続があります。

　労働紛争には、大きく分けて、労働契約上の権利関係に関する個別的労働関係紛争と、使用者と労働組合との紛争である集団的な労使関係紛争がありますが、ここでは、個別的労働関係紛争に関する紛争解決手段について解説します。

　個別的労働関係紛争の具体例は、解雇された労働者が解雇の効力を争ったり、未払いの給料を請求する場合です。この場合、労働者は、裁判所に対して、解雇が無効だと主張して現在も従業員としての地位があることの確認を求めたり、未払い賃金を請求できますが、これを実現する手続の種類として、民事訴訟（通常訴訟・少額訴訟）、民事調停、労働審判があるのです。

◇ 民事訴訟（通常訴訟・少額訴訟）

　民事訴訟は、最も厳格な手続であり、判決に至るまでの審理の過程で、当事者が主張立証する権利を十分に保障するためのルールが定められていますが、それゆえ、裁判が終わるまで相当の期間が経過する傾向にあります。

　他方、未払い給与を請求する場合は、請求額が60万円以下であれば簡易裁判所に少額訴訟を提起することができます（民事訴訟法368条）。これは簡易

迅速な手続であり、一期日審理の原則がとられていますので、1回の期日で結審し、その場でただちに判決が言い渡されます。ただし、迅速さを優先するために、証拠は即時に取り調べられるものでなくてはならず、反訴や控訴を提起することができません。また、少額訴訟では、金銭請求に限られるため、従業員としての地位を確認する請求を行うことはできません。労働訴訟は、証拠の量が多く、審理が複雑になる傾向があるため、少額訴訟はあまり適当とはいえません。

◇ 民事調停

当事者は、裁判所において話し合いをするため、民事調停を申し立てることができます。すなわち、民事調停は、民事の紛争について、当事者が互いに譲歩することを前提として、条理にかない実情に即した解決を図ることを目的とした制度です（民事調停法1条）。労働紛争も民事紛争の一種ですから、民事調停制度を利用することができますが、調停とは、あくまで話し合いであるため、合意に達することができなければ、調停は不成立となり、手続が終了します。労使で対立の激しい場合に民事調停を利用しても、効果は期待できません。

◇ 労働審判

以上に対し、個別的労働関係紛争に関して特別な手続として用意されているのが労働審判手続です。この手続は、労働審判官、労働審判員2名によって構成される労働審判委員会が行います。期日は原則として3回以内に審理を終結しますが、手続の中で話し合いがまとまれば調停成立となり、調停がまとまらなければ労働審判委員会が労働審判を行います。労働審判手続は、裁判と調停の中間に位置付けられる手続です。

労働審判員は労働関係に関する専門的な知識経験を有するため（労働審判法9条2項）、労働審判員から専門知識に基づいた見解が示され、これにより紛争解決を促進できるというメリットがあります。ただ、労働審判委員会が行った労働審判に対しては、告知を受けてから2週間以内に異議を申し立

てることができ、この場合、労働審判は効力を失い、労働審判申立時に訴えの提起があったものとみなされます。そのため、話し合いの余地がない事案ですと、当事者の一方から異議が出て、結局、訴訟に移行してしまうため、注意が必要です。

◇ 民事保全

　以上のほか、従業員としての地位を定める仮処分や、給料の仮払いを求めるために、民事保全を裁判所に申し立てることができます。保全手続とは、本案の裁判の結論が出る前に権利を仮に実現するものです。それゆえ、通常の民事訴訟と比べて簡易迅速な手続であり、早期に裁判所に判断してもらえるというメリットがあります。また、保全手続の中で和解がまとまり、紛争の早期解決に繋がる場合があります。

　ただし、申立てが認められるためには、保全の必要性が認められなければなりません。すなわち、仮に労働者が賃金の仮払いを求める場合には、生活が困窮しているなどの状況が求められ、再就職をしている場合などには保全の必要性が認められないことが多いため、注意が必要です。なお、保全の必要性を明らかにするため、多くの場合、家計収支表やメインとなる預貯金口座の残高資料等の提出が求められます。

◇ まとめ

　このように、労働者は、自らの権利実現のために、それぞれの紛争解決制度のメリット、デメリットを踏まえて、手続選択をしていく必要があります。使用者は、手続の相手方になることが多いですが、労働者から申立てを起こされた場合には、各制度の特徴を理解して手続に臨む必要があります。

（弘中　章）

Column

紛争解決の実際

　2つの外国人労働者の事件を紹介したいと思います。

　1つ目は、外資系企業でホワイトカラーとして働いた外国人労働者が、勤務先から退職勧奨を受け、会社の指示に従って出勤しなくなったものの、解雇の通知がなされないまま、数年が経過したというケースです。労働者は、労働組合に加入して交渉をしましたが、解決には至らず、数年後に弁護士に相談・依頼をして、労働審判を申し立てました。すると、労働審判委員会は、解雇の通知がなかったという心証を得て、これを前提に、会社側に相応の賃金を支払ってもらう形で話し合いがまとまりました。就労をやめて数年が経過しており、厳しい判断も覚悟していましたが、労働者本人がさまざまな記録を残したり、早い段階から労働組合の協力を得たりしていたことで、労働審判委員会の印象を引きつけることができたと思いました。

　2つ目は、固定残業代を支払われていた外国籍の調理師が固定残業代の効力を争って未払いの残業代を請求したというケースです。これは、事前交渉の段階で、労使の間で主張の隔たりが大きかったため、当初から訴訟を提起しました。裁判では固定残業代の適法性が争いとなり、長い論争が続きました。この件では、労働者が強気に主張を続けた結果、最終的には、使用者から大幅に有利な和解案を引き出すことに成功しました。

　それぞれ、労働者がトラブルに遭ってから記録をつけ、資料を残すという準備をしていたため、手続を有利に、主導的に進めることができたと感じます。さらに、労働者が納得できないことを労働組合や弁護士に早めに相談するという姿勢を持っていたため、専門家と協働して、十分な準備のもと、権利を追求することができました。

　もちろん、外国人が異国の地で裁判を起こすことは容易ではありません。

第5章　紛争解決

そのハンディキャップを解消するには、外国人が気軽に相談できる場所が必要です。例えば、労働組合、弁護士会その他の専門職団体が設ける相談センター、労働局等の行政機関が挙げられます。そして、多くの人が声を上げることで、外国人のみならずすべての人にとって働きやすい労働環境が実現することにも繋がっていくことを実感します。それは、同時に、使用者による適切な労務管理の実現にも寄与します。

　ちなみに、先に紹介した2つのケースは、前者が労働審判、後者が裁判で解決しましたが、前者では申立てから調停成立まで約3か月、後者では訴訟提起から和解成立まで約10か月を要しました。労働審判は、訴訟に比べると短期間での解決が可能です。平成25年から平成29年3月までの全地方裁判所の労働審判事件のデータによりますと、申立てから終局まで3か月以内で終了した事案は68%、6か月以内で終了した事案は全体の98.8%であり、平均審理日数は79.5日です（全体で15,047件）。また、平成28年だけを見ますと、調停成立が72.4%、労働審判が14.3%であり、労働審判のうち異議申立てが出たのが62.8%となっています（全体で3,524件）。これに対して、労働訴訟の平均審理期間は、現在、1年2か月程度といわれています。すべての事件で実現するわけではありませんが、労働審判による短期解決はやはり魅力です。

（弘中 章）

223

Q73 労働審判の申立て、対応は必要？

外国人従業員から労働審判を申し立てられました。対応しないといけないのでしょうか。

 対応しないと不利益な審判が出される可能性あり。

　労働審判では申立人が申立書を提出することでスタートしますが、その相手方は、答弁書を作成し、提出することが求められます。労働審判では、相手方が書面を提出しなかったり、期日を欠席したりしても、申立書のとおりの主張や請求がそのまま認められるルールではありません。すなわち、通常訴訟では、被告が答弁書を提出しなければ、訴状にある事実を認めたこととなり（擬制自白といいます）、原告の請求がそのまま認められますが、労働審判ではこのようなルールはないのです。

　しかし、労働審判委員会は、審理の結果認められる当事者間の権利関係と、労働審判手続の経過を踏まえて労働審判を行うとされているため、相手方が書面を提出せず、期日を欠席すれば、申立人の言い分に反論がないものと判断され、申立人の主張のとおり労働審判を出されてしまう危険が高まります。

　ですから、労働審判を申し立てられたことがわかったのであれば、これを放置することはせずに、速やかに申立書や申立人提出の書証の検討をし、自らの言い分を答弁書としてまとめ、それを裏付ける書証とともに提出すべきです。また、期日には必ず出席すべきです。

　弁護士に依頼する場合でも、会社の言い分や証拠を整理するために十分な準備時間が必要ですから、申立書が届いたらただちに弁護士に連絡、相談するようにしてください。特に、労働審判手続は、原則として3回以内の期日で審理を終結しなければならず（労働審判法15条2項）、そのため第1回期日までに当事者は主張や証拠を提出することが期待されます。答弁書についていえば、第1回の労働審判手続期日は、申立てがなされた日から40日以内

第5章　紛争解決

に指定しなければならないとされ（労働審判規則13条）、通常、その1週間前には答弁書を提呈する必要がありますから、答弁書提出期限までの時間はそれほど多くはないのです。ですから、弁護士が答弁書の作成、裏付けとなる証拠の整理に相当の時間をかけられるよう、申し立てられた側は、できるだけ早く弁護士に相談しましょう。答弁書提出期限直前になって相談しても、十分な時間をかけられないために、弁護士に依頼を断られることも考えられますので、くれぐれも注意してください。

　なお、外国語が堪能で労働問題に詳しい弁護士の見つけ方については、Q74、79を参照してください。

（弘中 章）

使用者側からの労働審判申立ては可能？

使用者側から労働審判を申し立てることができますか。

 申し立てることができる。

　労働審判法は、個別労働関係に関する民事紛争について、「当事者の申立てにより、事件を審理し、調停の成立による解決の見込みがある場合にはこれを試み、その解決に至らない場合には、労働審判……を行う手続……を設ける」と規定しています（1条）。ここで「当事者の申立て」とあるように、労働者のみならず、使用者からも申し立てることができると規定されているのです。

　例えば、使用者が労働者から「安全配慮義務に違反した」という理由などで過大な損害賠償請求をされたり、正当な理由があるにもかかわらず解雇無効を執拗に要求される場合、使用者の側から債務不存在確認、損害額の確定、社員としての地位の不存在確認などを求める労働審判を申し立てることが考えられます。

　ところで、当事者や利害関係人らが外国人である場合、証拠として提出される契約書やメールのやりとり等が外国語で記載されている場合があります。しかし、裁判所への提出資料はすべて日本語で記載するか、和訳を添付することが求められています（民事訴訟規則138条1項、裁判所法74条。Q76参照）。特に、外国語で記載された契約書などは法的解釈の正確さに直結しますので、法律文書を得意とするプロの翻訳家ないし翻訳業者等に依頼することが望ましいといえます。また、裁判・審判手続は日本語で行われますので（裁判所法74条）、日本語でのコミュニケーションが難しい利害関係人（人事担当者等）が出席する場合は、通訳を同席させたり、外国語の堪能な弁護士を代理人とすることが必要でしょう。

　外国人労働者が増加するに従い、労働審判申立事件も増加することが見込

まれますが、外国語で対応可能な労働審判員や労働問題に詳しい弁護士の人員は不足しています。本書執筆弁護士の中には、英語、フランス語、中国語等に対応できる弁護士が含まれています。各弁護士会の相談窓口から紹介を受けたり、日本弁護士連合会の弁護士検索サイト「ひまわりサーチ」[＊1]で検索することも可能です。また、経営法曹会議[＊2]は、経営者側の立場から労働事件を扱う弁護士の団体ですが、英語や中国語をはじめとする外国語に堪能な弁護士も所属しています。

(板倉 由実)

＊1　日本弁護士連合会「ひまわりサーチ」(https://www.bengoshikai.jp/，平成30年7月23日最終閲覧)。

＊2　経営法曹会議(http://www.keieihoso.gr.jp/index.htm，平成30年7月23日最終閲覧)。

外国人従業員帰国後の裁判の心配は？

外国人従業員を帰国させてしまえば、裁判を免れることができますか。

 帰国後も日本での裁判提起は可能。

　外国人従業員を帰国させたとしても、その従業員が日本の弁護士に依頼して、裁判を提起することは可能ですから、裁判を免れることはできません。

◇ 海外から日本の弁護士へのアクセスは容易

　外国人従業員とトラブルになった場合、その従業員が母国に帰国してしまえば、法律上、裁判を起こすことができないと考えるかもしれません。しかしながら、日本において裁判をする際、日本に住所があることや、居住していることは要件とされていません。そのため、その外国人従業員が日本の弁護士を探し、委任できれば、裁判を起こされる可能性は十分にあります。

　法律上、母国に帰国した外国人従業員が裁判を起こすことができるとはいっても、事実上、日本の弁護士を探すことはハードルが高く、裁判を起こされることはないと思われるかもしれません。しかしながら、現在では英語・中国語等でウェブサイトを作成している日本の法律事務所も多く、海外から弁護士へアクセスすることは、決して難しいことでありません。そして、いったん日本の弁護士に依頼することができれば、メールやSkypeなどのテレビ電話を使い、裁判のために必要な打ち合わせをしながら、裁判所に訴えを提起することができます。

　また、裁判が進むにつれて、当該外国人従業員に裁判所で証言をしてもらう証人尋問が必要になれば、その証人尋問のために短期滞在の査証（ビザ）を取得し、来日することもできます。

第5章　紛争解決

◇ 法規制守らなければ裁判の可能性は十分あり

　外国人従業員であっても、労働契約法・労働基準法が適用されますから、例えば外国人従業員をただちに解雇した場合、解雇予告手当の支払い義務が発生しますし、解雇権濫用の法理（解雇が客観的に合理的な理由を欠き、社会通念上相当でないときには権利濫用として解雇が無効とされる）も適用されます。これらの労働契約法・労働基準法の法規制を守らず、外国人従業員を母国に帰国させれば、裁判を起こされる可能性があると考えるべきでしょう。

　そして、外国人従業員が技能実習生の場合であったとしても、労働契約法・労働基準法上は、労働者と認められますから、上記の法規制を守らなかった場合、やはり裁判を起こされる可能性があります。裁判例としては、平成21年3月18日津地方裁判所四日市支部判決[1]、平成22年3月25日名古屋高等裁判所判決[2]などがあります。技能実習生の場合、最低賃金を下回る基準で就労させ、その賃金を前提とした残業代しか支払っていないというケースも少なくなく、最低賃金分に不足している部分の賃金及び残業代の支払いを求める裁判が起こされています。

（山浦　誠治）

---

[1]　三和サービス〔外国人研修生〕事件・津地裁四日市支部平成21年3月18日判決、労判983号27頁。

[2]　三和サービス〔外国人研修生〕事件・名古屋高裁平成22年3月25日判決、労判1003号5頁。

Q76 労働審判などの提出書類、翻訳は必要？

日本語がわからない外国人従業員に対して、労働審判などの手続を取る場合、書類は日本語でよいのでしょうか。

A 日本語でよいが、裁判所から翻訳版の提出を求められることも。

　日本で裁判を行う場合、外国送達を伴う場合を除き、裁判所への提出書類は日本語で記載されたものを提出すれば足ります（裁判所法74条）。しかし、相手方が外国人である場合、裁判所は、攻撃防御手続の公平性の観点から、原告ないし申立人に対し、当該相手方が日本語でコミュニケーションができるかどうか確認をしています。そして、当該相手方の日本語能力が十分ではない場合、申立書や訴状、証拠説明書の外国語への翻訳の提出を指示される場合があります。こうした外国語への翻訳文書の添付は、日本人当事者にとっては、大変な手間ですが、特に労働審判では、調停の成立（話し合い）による解決が試みられるため、当事者の主張を相手方に十分に理解してもらう必要があります。また、外国人の相手方が、日本語で記載された書類を受け取っても、内容が理解できないため、対応に窮してしまったり、申立てや提訴があったこと自体に気づかない場合もあります。したがって、裁判所から外国語翻訳の提出指示があった場合は、速やかに従うようにしましょう。

　一方、外国人労働者の増加に伴い、社内公用語が英語等の外国語であったり、紛争当事者との間でメール等のやりとりを外国語でしていたり、契約書等の法律文書が外国語であることもあります。その場合、証拠として提出する部分については日本語の訳文を付す必要があります（民事訴訟規則138条1項）。また、相手方が当該訳文の正確性に異議がある場合は、裁判所に書面で意見を述べることができます（同規則138条2項）。ニュアンスの違いや正確な専門用語の翻訳ミスが、判決結果に繋がったり、当事者間の対立をさらに激化させることもあります。翻訳については、できる限り外国語対応可能な弁護

士ないし法律文書を専門的に扱う翻訳業者に依頼することをお勧めします。

　多くの会社は、労働審判の申立てをする前に当該外国人従業員と協議を行ったり、裁判外の和解に向けて交渉を行います。言葉の問題を含め、ミスコミュニケーションによって、ほんの些細な問題が大きな労働紛争になったり、感情的な対立となることもあります。外国人従業員との話し合い等の際には、できるだけ通訳人を付すこと、あるいはわかりやすい日本語でゆっくり根気強く説明すること、そして相手方を理解することが必要です。また、代理人弁護士を付ける場合も、できれば労働問題に詳しく、かつ外国語のできる弁護士を探すことをお勧めします。

　言葉の壁は、日本人である私たちが感じている以上に、外国人労働者にとってストレスとなり、思わぬ誤解にも繋がります。日本弁護士連合会の弁護士検索サイト「ひまわりサーチ」では、各弁護士の取扱分野、対応言語が記載されています（Q74参照）。また、本書の執筆弁護士の中にも外国語対応可能な弁護士が含まれますし、在日の外国大使館にも外国語対応可能な弁護士の情報が掲載されている場合があります。

（板倉　由実）

Column

紛争解決と在留資格

　「技術・人文知識・国際業務」などの在留資格をもって就労していた外国人が、勤務先から解雇され、その解雇が不当であるとして裁判を起こして争った場合、在留資格はどうなるのでしょうか。

　まず、こういった在留資格で日本に滞在している外国人は、解雇された場合、それが不当であるかどうかはともかくとして、法務大臣（入国管理局）に対し、14日以内に契約機関との契約の終了があった旨を届け出なければなりません。

　そして、「技術・人文知識・国際業務」など、特定の職種での就労を前提とする在留資格は、その職種での就労の実体がなくなってしまうと、基本的には在留資格自体もなくなる（更新されなかったり、取り消されたりする）ことになります。したがって、勤務先を解雇され、新たに就職をしない場合には、その外国人は日本に滞在することができなくなる可能性があります。

　解雇が不当であるとする従業員の立場からすると、解雇を理由に日本に滞在することすら許されなくなるのは不当にも思えます。

　入国管理局では、実務上、裁判所に出廷する必要がある場合などに、就労のできない短期の在留資格を許可する場合がありますが、そのような在留資格が許可されるかどうかは不確実であり、また、その短期の在留資格を何度も更新することは基本的に困難です。就労ができないため、現実問題として、生活に困ってしまうことも考えられます。

　その一方で、紛争解決手段の中には、外国人自身が日本にいなくても、代理人を通じて進めることができるものもあります。

（尾家 康介）

3 弁護士の活用

紛争に直面、弁護士を使うメリットは？

紛争が起こったときに、弁護士を使うメリットは何ですか。

解決策の提案や助言など、弁護士は紛争解決の
プロフェッショナル。

　弁護士を使うメリットは紛争の当事者の言い分を法律的な観点から整理し、解決策を提案してくれる点です。また、紛争解決の経験から紛争の展開や解決の落としどころについて助言してもらえます。

◇ 法的観点からの分析は紛争解決の鍵

　弁護士は法律の専門家であり、かつ、紛争解決のプロフェッショナルです。その専門的な立場から、紛争が起こった際には、紛争を法的観点から分析し、解決策を提案することができます。紛争の当事者の間で言い分が食い違っている場合には、法的見地から客観的な分析を行い、両者の妥協点を探れないか分析することができます。このような分析は、紛争を早期に適切に解決することに繋がります。

　例えば、企業が従業員から残業代を請求された場合、その請求額が適切なのかどうか、企業の労務管理に問題はなかったのかどうか等、法的観点から、従業員の請求の当否を検討することができます。また、紛争が訴訟に発展した場合、裁判所がどのような判断をするかを合理的に予測しながら、先方の言い分にどこまで譲歩できるか、すべきかを検討することができます。話し合いが決裂して裁判になるリスクが消えることはありませんが、法的観点から合理的に紛争を管理できるメリットがあります。

もちろん弁護士費用がかかるため、弁護士を利用することの費用対効果を考慮する必要はあります。しかし法律は、感情的な対立に発展しがちな労使紛争を円滑に解決する有効なツールです。紛争を抱えることによる職場や業務、企業イメージへの影響や、紛争が長引くことによる経済的損失も考慮する必要があります。紛争に直面したときに、法律の専門家に相談することで、有効な解決策が見つかるといえるでしょう。

（弘中 章）

第5章 紛争解決

 Q78 弁護士費用の目安は？

弁護士を使うには、多額の費用がかかるのですか。

ケースバイケース。

◇ 弁護士報酬（弁護士費用）は自由に決められるのが原則

平成16年4月以降、弁護士報酬の基準は自由化されましたから、法律事務所ごとに弁護士報酬基準は異なります。ですから、弁護士費用（着手金・報酬金等）がいくらかかるのかについては、弁護士に十分確認をしてから依頼するようにしましょう。

◇ 民事法律扶助制度

民事法律扶助制度を利用すれば、比較的安価な金額で弁護士に依頼できる場合があります。民事法律扶助制度とは、日本司法支援センター（法テラス）が弁護士費用（着手金・報酬金等）を立て替える制度であり、立替金について利用者は、弁護士に依頼した後に、毎月5000円程度を法テラスに支払っていけばよいのです。

民事法律扶助制度を使って労働事件を弁護士に依頼した場合の具体的な費用の金額の目安を示すと、次のとおりです[*]。

(1) 交渉事件

①着手金　6万4800円〜10万8000円（税込）

ただし、事案の性質上特に処理が困難なものについては16万2000円（税込）まで増額することができる。

---

[*] 民事法律扶助研究会『民事法律扶助活用マニュアル［第2版］』現代人文社、2017年、108−113頁。民事調停事件や保全手続の立替基準についても記載があります。

235

②実費　2万円

③報酬金　現実に入手した金銭の10％（税別）

　　　　　当面取立てができない事件の報酬金は6万4800円〜12万9600円（税込）とし、標準額は8万6400円（税込）。

　　　　　相手方の請求を排除した場合の報酬金は、着手金の7割相当額とする。

(2)　通常訴訟

　　　請求額（訴額）に応じて決定される。

　①着手金　訴額50万円未満では、6万4800円（税込）

　　　　　　訴額50万円以上100万円未満では、9万7200円（税込）

　　　　　　訴額100万円以上200万円未満では、12万9600円（税込）

　　　　　　訴額200万円以上300万円未満では、16万2000円（税込）

　　　　　　訴額300万円以上500万円未満では、18万3600円（税込）

　　　　　ただし、事案の性質上特に処理が困難なものについては37万8000円（税込）まで増額することができる。

　②実費　訴額50万円未満では、2万5000円

　　　　　　訴額50万円以上では、3万5000円

　③報酬金　交渉事件の場合に準ずるが、以下の点に違いがある。

　　　　　相手方の請求を排除した場合の報酬金は、着手金の7割相当額とするが、出廷回数に金1万800円を乗じた額をこれに加算する。ただし、出廷回数による加算額は、請求排除額の10％を超えないものとする。

　　　　　この他の場合でも、事件の難易、出廷回数等を考慮して、報酬金の金額を増減できる。

(3)　労働審判

　①着手金　8万6400円〜12万9600円（税込）

　　　　　ただし、事案の性質上特に処理が困難なものについては16万2000円（税込）まで増額することができる。

　②実費　2万円

　③報酬金　通常訴訟の基準に準ずる。

第5章　紛争解決

　このように、民事法律扶助制度を利用すると、比較的安価な金額で弁護士に依頼することができます。ただし、民事法律扶助制度を取り扱っていない弁護士がいることや、法人は制度を利用できないことから、注意が必要です。また、個人が法テラスを利用する場合でも所得制限があり、一定の収入以下でなければ利用できません。使用者の多くは会社組織の形をとっているため民事法律扶助制度を利用することはできず、利用できるのは個人事業主の方に限られるでしょう。ですが、自社の労働者が利用する可能性のある制度として、使用者が知っておくことは有益であると思われます。

（弘中　章）

Q79 外国人の雇用問題に詳しい弁護士とは？

外国人の雇用問題に詳しい弁護士をどのように見つければよいですか。

 雇用問題と在留資格の問題、それぞれの側面からアプローチを。

外国人の雇用問題を専門的に手がける弁護士は多くないのが実情ですが、次のような方法で、外国人の雇用問題の知識・経験を有する弁護士を見つけることができます。

◇ 一般の弁護士・外国人事件に強い弁護士

本書でこれまで見てきたように、外国人の雇用問題は、通常の雇用問題と在留資格の問題が相互に関係している点に特徴があります。日本の弁護士の多くは、いわゆる「一般民事」や「企業法務」を取り扱っており、その一環として労働事件の知識・経験を有する弁護士も多くいます。外国人の雇用問題のうち、雇用問題の側面は、日本人の労働事件の知識・経験で対応することができる場合が多いため、一般の弁護士に相談してみる価値はあります。

また、外国人事件に強い弁護士は、在留資格についても知識を持っていることがほとんどですので、外国人事件に強い弁護士に相談すると、なお安心でしょう。

◇ 渉外企業法務に強い弁護士

会社に対する法的サービス（企業法務）を提供している弁護士や法律事務所の中でも、渉外企業法務（国際的な要素を含む企業法務）を手がける弁護士や事務所は、外国人の雇用問題についても知識と経験を持っているところがあります。

また、東京・池袋にある弁護士法人東京パブリック法律事務所では、外国

人が関係する案件や国際的な案件を集中的に扱う「外国人・国際部門」を設置しています。同部門には、労務問題のほか、在留資格や家事関係の問題など、外国人に関わるあらゆる分野に通じた弁護士が在籍しており、日本語のほか英語その他の外国語でのサービスも利用可能です（別途通訳費用がかかる場合もあります）。来所による法律相談のほか、電話やインターネット電話を通じた相談も受け付けています。

◇ 弁護士会の法律相談センター

　各都道府県にある弁護士会が、法律相談を実施しています。弁護士に全くあてがない場合でも、簡単に弁護士に相談できるのが魅力です。労働問題や外国人事件など、分野ごとに法律相談を実施しているところもあります。詳細は各弁護士会に問い合わせてみてください。

　また、全国組織である日本弁護士連合会は、事業者向けに「中小企業のためのひまわりほっとダイヤル」のサービスを実施しています（平成30年7月現在）。

（弘中 章・尾家 康介）

Column

多文化共生と外国人のリーガルアクセス

　日本の総人口は約1億2649万人（平成30年3月時点）です。8年連続の減少です。出生率は下がり、高齢者の占める割合は増加しています。少子高齢化と日本人の労働力人口の減少は明らかです。一方、平成29年に来日した外国人の総数は約2749万人となり、前年度に比し約421万人増加しています。街で外国人の姿を見ることは珍しくなくなりました。

　しかし、日本で姿を見かける外国人の多くは観光などの一時的滞在者で、日本に住んでいるわけではありません。日本に居住している外国人の数は256万1848人（平成29年12月時点）であり日本の総人口の2％程度に過ぎません。また、日本に居住している外国人のすべてが日本で就労しているわけではありません。日本で働くには就労許可のある在留資格が必要です。日本で適法に就労している外国人の数は127万8670人（平成29年10月時点）です。日本の労働力人口は6720万人（平成29年平均）ですので、外国人労働者の占める割合は、1.9％しかありません。外国人労働者が増えたといってもまだまだ少数派なのです。

　外国人労働者の在留資格で最も多いのは就労制限のない「永住者」（20.7％）ですが、「技能実習」も20.2％、「技術・人文知識・国際業務」も14.1％を占めます。さらに、日本で勉強することが目的で来日している留学生も就労許可を得ることにより週28時間以内であればアルバイトができますが、「留学」の資格でアルバイト就労している割合も20.3％を占め、「永住者」とほぼ同じ割合で存在します。

　「永住者」の在留資格を有する外国人の多くは、比較的長く日本に住み、日本語が堪能であることがほとんどです。就労制限がないため転職も可能です。しかし、「技術・人文知識・国際業務」や「技能実習」、「留学」の資格で就労

している外国人の多くは、日本語の能力が不十分であることも多く、転職も制限されているため、不当な差別や労働搾取に遭いやすいといわれています。実際に差別を受けていなくても、職場あるいは日本全体で少数派であるため、疎外感や被差別感情を抱いている外国人は多いように思います。日本語で記載された労働契約書や就業規則が理解できなかったり、日本の法律（労働法）の知識も十分でないため、不当な労働搾取に遭いやすいことも否定できません。

　日本政府や企業は、少子高齢化により減少する労働人口の補填や優秀な人材の受入れを目的に、積極的に外国人労働者を受け入れる政策を取っています。しかし、労働力を利用するばかりで、法律で守られた労働者の権利が侵害されても救済手段が整備されていなければ、企業にとっても、労働者にとっても不幸な結果となってしまいます。

　日本は、労働者の権利が保障され、使用者の義務を定めた労働法が整備され、裁判制度や行政救済手続も整っています。しかし、外国人の側からすると十分ではありません。裁判制度を利用するためには、裁判所に提出する書類をすべて日本語で準備しなければなりません。裁判所は裁判制度をわかりやすく説明したパンフレットやウェブサイトを作成していますが、すべて日本語で記載されています。

　英語その他外国語で対応できる弁護士の数も少なく、語学に堪能な弁護士は企業法務をメインとすることが多いため、弁護士費用も高額になりがちです。また、例えば不当解雇を裁判で争う場合、外国人は職を失うと就労許可のある在留資格も失うことが多く、裁判期間中は生活費を得るすべを失います。収入がない場合、日本司法支援センター（法テラス）の法律援助を利用することができますが、在留資格のない外国人は法テラスを利用することができません。日本弁護士連合会の法律援助制度は、在留資格のない外国人も利用することができますが、援助金額（弁護士費用）がきわめて低額であるため、援助事件の受任を躊躇する弁護士が多いことも否定できません。

　多言語での法的サービスの提供や市場相場と同水準の法律援助の保障、裁判期間中の就労ビザの発行や住宅の保障など、外国人に対するリーガルアクセスを整備することが、多文化共生社会の形成に不可欠であるように思います。

サイト

1) 総務省統計局「人口推計（平成30年（2018年）3月確定値，平成30年（2018年）8月概算値）（2018年8月20日公表）」(http://www.stat.go.jp/data/jinsui/new.html，平成30年8月27日最終閲覧)。

2) 総務省統計局「労働力調査（基本集計）平成29年（2017年）平均（速報）結果の要約」(http://www.stat.go.jp/data/roudou/rireki/nen/ft/pdf/2017.pdf，平成30年8月27日最終閲覧)。

3) 政府統計の総合窓口（e-Stat）「統計で見る日本」(https://www.e-stat.go.jp/stat-search/files?page=1&layout=datalist&toukei=00250011&tstat=000001012480&cycle=7&year=20170&month=0&tclass1=000001012481，平成30年8月27日最終閲覧)。

4) 法務省 入国管理局「平成29年末現在における在留外国人数について（確定値）」平成30年3月27日報道発表資料（http://www.moj.go.jp/nyuukokukanri/kouhou/nyuukokukanri04_00073.html，平成30年8月27日最終閲覧)。

5) 厚生労働省「『外国人雇用状況』の届出状況まとめ（平成29年10月末現在)」(https://www.mhlw.go.jp/stf/houdou/0000192073.html，平成30年8月27日最終閲覧)。

（板倉 由実）

Column

グローバルサプライチェーンの中で生じる人権侵害と救済手段

　経済・労働市場のグローバル化と通信・情報技術、物流・輸送システムの発達は、国境を超える生産・投資・貿易を活性化させ、雇用を創設・促進し、人的・文化的・知的交流を促し、人々の生活を豊かにします。しかし、多国籍企業やグローバルサプライチェーン（以下「GSC」といいます）の過程での人権侵害や環境破壊により、個人や地域社会が有害な影響を受けることもあります。

　GSCとは、欧米諸国や韓国・日本など主に先進諸国の企業が、人件費や原材料費の安い東南アジア・南アジアの地域に生産拠点を移し、現地の工場がさらに下請工場に生産過程の一部を委託するという、国境を超えた重畳的な生産・販売過程をいいます。GSCでは、経済格差や貧困を背景に、生産現場における労働搾取などの人権侵害や環境破壊が起こりやすいといわれています。しかし、トップ企業と被害労働者との間には直接雇用関係がないこと、トップ企業と現場の労働者あるいは下請工場とは異なる国に所在していること、トップ企業と労働者との間にいくつもの請負企業が介在していることなどから、トップ企業の管理監督責任や人権侵害に対する直接的な法的責任を追及することが難しいといわれています。つまり、国家の枠を超えたグローバル経済の象徴であるGSCが法的救済手段の隙間を生み、そうした隙間が、さらに職場での法令遵守や労働者の権利保護を困難にするという悪循環を生じさせているという負の側面があるのです。

　確かに、ディーセント・ワーク（働きがいのある人間らしい仕事）や人権保障を確保するための国際条約があり、各国には独自の労働法制や司法的救済制度があります。しかし、国際条約は締約国を対象とし、各企業に義務を課すものではありません。条約の実施は各国の法制度に委ねられて

います。また、各国の労働法規や裁判管轄は、それぞれの国内でのみ効力があるに過ぎません。現時点では、国境を超えるGSCの過程で生じる人権侵害行為に対する司法的救済を含めた救済制度や実効的な予防措置は、十分に整備されていないのが現状です。

　こうした現状を打開するために、平成23年6月16日、国連の人権理事会は「ビジネスと人権に関する指導原則（ラギー原則）」の推奨を全会一致で承認しました。ラギー原則は、31の諸原則から成りますが、人権を「保護」する国家の義務、人権を「尊重」する企業の責任、「救済」へのアクセスの3つの柱で支えられています。国際法規範の多くは締約国に義務を課すものですが、ラギー原則は企業に責任を課している点で画期的です。ラギー原則により社会や企業の啓発も進み、人権を尊重しない企業に対する社会の目は厳しくなりました。各国での不買運動や人権擁護団体による告発キャンペーンは、企業イメージはもとより企業利益に大きな打撃をもたらすようになりました。欧米では東南アジア諸国で起こった労働搾取、児童労働や環境破壊の被害について、トップ企業の本社のある欧米の裁判所に提訴がなされ、多額の賠償金が科せられる事例もあると聞きます。日本企業もCSR（企業の社会的責任）や予防法の観点から、現地の労働組合や下請業者への教育など、さまざまな取組みを行っています。しかし、いったん発生した被害に対する救済については、さまざまな課題があります。被害者の多くは貧困で、搾取されているとの認識がない場合も少なくありません。司法的救済といっても、誰が当事者適格を有するのか、どのように原告を集めるのか、弁護士費用は誰が負担するのか、どの国の裁判所に提起し、どの国の法律を適用するのか、など多くの障害があります。

　被害者の救済アクセスとしては司法的救済制度のほかに、行政機関である国内人権機関や企業内の苦情申立機関の設置が考えられます。また日本でも利用できる国際的な苦情申立機関としてOECD（経済協力開発機構）の「多国籍企業行動指針」のもとの各国連絡窓口（National Contact Point：「NCP」）があります。多国籍企業行動指針とは、多国籍企業に対して期待される責任ある行動を自主的に取るよう勧告するためのガイドラインです。人権、雇用・労使関係、環境をはじめとする幅広い分野で責任ある企業行動に関する基準と原則を定めています。

　企業に、指針に違反する人権侵害行為などがあった場合、被害者らはNCPに問題提起をすることができ、NCPによるあっせんが行われることもあります。NCP

第5章　紛争解決

は実効的な救済手段として期待されていますが、日本のNCPへの申立ては平成12年から28年までに7件しかなく、そのうち5件は海外からの申立てです。アメリカやイギリスでは同期間内に40件を超える申立てがあることに比し、十分に利用されているとはいいがたい状況です。しかし今後、日本における外国人労働者の数や日本企業の生産拠点の海外移転が増加することに伴い、「ビジネスと人権」の意識も広まり、NCPへの申立てのみならず、海外で日本企業が人権侵害で訴えられる国際訴訟も増えることが予想されます。

（板倉　由実）

巻末資料

1　役立つサイト

　外国人雇用は在留資格・在留期間と関連してさまざまな法的規制があり、また言語・文化の違いによりミスコミュニケーションが生じがちです。トラブルの防止や解消のためには、外国人雇用に関連する法令や利用できる行政サービスを知っておくとよいでしょう。

（1）支援団体

一般社団法人　日本いのちの電話連盟
https://www.inochinodenwa.org/ 　電話とインターネットによるメンタルヘルス相談及び全国のいのちの電話窓口の紹介
特定非営利活動法人　東京英語いのちの電話（TELL）
https://telljp.com/ 　英語によるメンタルヘルス電話相談
社会福祉法人　横浜いのちの電話　外国語相談（LAL）
http://www.lal-yokohama.org/ 　スペイン語・ポルトガル語によるメンタルヘルス電話相談
社会福祉法人　浜松いのちの電話
http://www.jona.or.jp/~wbs60252/ 　日本語・ポルトガル語によるメンタルヘルス相談
International Mental Health Professionals Japan（IMHPJ）
https://www.imhpj.org/ 　メンタルヘルスケアやセラピストの英語による紹介
聖路加国際病院（東京都中央区）
http://hospital.luke.ac.jp/ 　多言語対応を行っている総合病院
港町診療所（神奈川県横浜市）
http://minatomachi1979.web.fc2.com/ 　多言語対応を行っている診療所
四谷ゆいクリニック（東京都新宿区）
http://yotsuya-yui.jp/ 　多言語対応を行っている精神科・心療内科・神経科のクリニック
性暴力救援センター
https://sarc-tokyo.org/ 　性暴力被害に関する英語対応可能な相談員・弁護士の紹介

巻末資料

（2）行政文書・サイト

○　厚生労働省

［方針・ルール・手続］

「『外国人雇用状況』の届出状況まとめ（平成29年10月末現在）」
https://www.mhlw.go.jp/stf/houdou/0000192073.html
「外国人雇用対策の基本的な考え方」
https://www.mhlw.go.jp/stf/seisakunitsuite/bunya/koyou_roudou/koyou/gaikokujin/gaikokujin17/index.html
「日本で就労する外国人のカテゴリー」
https://www.mhlw.go.jp/stf/seisakunitsuite/bunya/koyou_roudou/koyou/gaikokujin/gaikokujin16/category_j.html
「雇用政策基本方針（抄）」（雇用対策基本方針・雇用政策研究会報告書）
https://www.mhlw.go.jp/stf/seisakunitsuite/bunya/koyou_roudou/koyou/gaikokujin/gaikokujin18/index.html
「外国人労働者の雇用管理の改善等に関して事業主が適切に対処するための指針」（外国人指針／平成19年8月3日厚生労働省告示第276号）
https://www.mhlw.go.jp/bunya/koyou/gaikokujin-koyou/01.html
「外国人雇用はルールを守って適正に」（外国人雇用のルールに関するパンフレット）
https://www.mhlw.go.jp/file/06-Seisakujouhou-11650000-Shokugyouanteikyokuhakenyukiroudoutaisakubu/300529_2.pdf
「日本で働こうとする外国人向けパンフレット（平成26年3月1日現在）」（英語・中国語・韓国語・スペイン語・ポルトガル語）
https://www.mhlw.go.jp/stf/seisakunitsuite/bunya/0000055578.html
「外国人の方を雇い入れる際には、就労が認められるかどうかを確認してください。」（在留資格の確認について）
https://www.mhlw.go.jp/stf/seisakunitsuite/bunya/koyou_roudou/koyou/jigyounushi/seido/anteikyoku/gairou/980908gai01.htm
「外国人労働者の雇入れ・離職の際は、在留カードを確認し、ハローワークへ届け出てください」（在留管理制度の施行に伴う外国人雇用状況届出に関するパンフレット）
https://www.mhlw.go.jp/file/06-Seisakujouhou-11650000-Shokugyouanteikyokuhakenyukiroudoutaisakubu/g120629_2.pdf
「外国人雇用状況届出Q＆A」
https://www.mhlw.go.jp/bunya/koyou/gaikokujin-koyou/dl/qanda.pdf

249

［就業規則・労働条件通知書］

「The Model Rules of Employment　モデル就業規則（2013年、2014年）」 ※英語・中国語・ポルトガル語・ベトナム語　※英語については253頁も参照
https://www.mhlw.go.jp/stf/seisakunitsuite/bunya/koyou_roudou/roudoukijun/foreign/index.html
「外国人労働者向けモデル労働条件通知書（英語）」※日本語の解説あり
https://www.mhlw.go.jp/new-info/kobetu/roudou/gyousei/kantoku/040325-4.html
「外国人労働者向けモデル労働条件通知書（中国語）」※日本語の解説あり
https://www.mhlw.go.jp/new-info/kobetu/roudou/gyousei/kantoku/040325-5.html

［高度人材］

「高度人材に対するポイント制による出入国管理上の優遇制度」（ポイント制度施行に伴う外国人雇用状況届出についてのパンフレット）
https://www.mhlw.go.jp/stf/seisakunitsuite/bunya/koyou_roudou/koyou/gaikokujin/todokede/index.html
「ポイント制に係る家事使用人モデル契約書（英語版）」
https://www.mhlw.go.jp/file/06-Seisakujouhou-11650000-Shokugyouanteikyokuhakenyukiroudoutaisakubu/pointmodel_e.pdf
「ポイント制に係る家事使用人モデル契約書（日本語版）」
https://www.mhlw.go.jp/bunya/koyou/gaikokujin-koyou/dl/pointmodel_j.pdf
「高度外国人材にとって魅力ある就労環境を整備するために─雇用管理改善に役立つ好事例集」
https://www.mhlw.go.jp/file/04-Houdouhappyou-11655000-Shokugyouanteikyokuhakenyukiroudoutaisakubu-Gaikokujinkoyoutaisakuka/486174.pdf
「高度外国人材の日本企業就職支援事例集」
https://www.mhlw.go.jp/seisakunitsuite/bunya/koyou_roudou/koyou/gaikokujin/dl/250329.pdf
「高度外国人材活用のための実践マニュアル～活用・定着で悩んでいる方へ～」（既に高度外国人材を採用しており、課題を抱えている企業向け）
https://www.mhlw.go.jp/file/04-Houdouhappyou-11655000-Shokugyouanteikyokuhakenyukiroudoutaisakubu-Gaikokujinkoyoutaisakuka/0000046327.pdf
「高度外国人材活用のための実践マニュアル」（新たに高度外国人材を採用しようとしている企業向け）
https://www.mhlw.go.jp/bunya/koyou/oshirase/110224a.html

巻末資料

[留学生]

「外国人留学生のインターンシップ受入れについて」

https://www.mhlw.go.jp/bunya/koyou/dl/internship.pdf

「インドネシア、フィリピン及びベトナムからの外国人看護師・介護福祉士候補者の受入れについて」

https://www.mhlw.go.jp/stf/seisakunitsuite/bunya/koyou_roudou/koyou/gaikokujin/other22/index.html

[外国人技能実習制度]

「外国人技能実習制度について」

https://www.mhlw.go.jp/stf/seisakunitsuite/bunya/koyou_roudou/jinzaikaihatsu/global_cooperation/index.html

[支援・サービス]

「外国人雇用管理アドバイザー」

https://www.mhlw.go.jp/www2/topics/seido/anteikyoku/koyoukanri/index.htm

「Pamphlet "Are Your Working Condition Fair?" パンフレット 『労働条件に関するトラブルで困っていませんか？』」
※英語・中国語・ポルトガル語・スペイン語・タガログ語・韓国語・ベトナム語・日本語

https://www.mhlw.go.jp/stf/seisakunitsuite/bunya/koyou_roudou/roudoukijun/foreign/index.html

「Telephone Consultation Service for Foreign Workers（外国人労働者向け相談ダイヤル），Guide to Labour Bureaus with a Foreign Workers Consultation Service (Advisor for Foreign Workers)」
※英語・中国語・ポルトガル語・スペイン語・タガログ語・韓国語・ベトナム語・日本語

https://www.mhlw.go.jp/stf/seisakunitsuite/bunya/koyou_roudou/roudoukijun/foreign/index.html

「通訳のいるハローワークのご紹介」（通訳を配置しているハローワークの一覧）

https://www.mhlw.go.jp/file/06-Seisakujouhou-11650000-Shokugyouanteikyokuhakenyukiroudoutaisakubu/300525.pdf

「外国人就労・定着支援研修 概要」（パンフレット）

https://www.mhlw.go.jp/file/06-Seisakujouhou-11650000-Shokugyouanteikyokuhakenyukiroudoutaisakubu/300508.pdf

「外国人の活用好事例集～外国人と上手く協働していくために～」

https://www.mhlw.go.jp/file/04-Houdouhappyou-11655000-Shokugyouanteikyokuhakenyukircudoutaisakubu-Gaikokujinkoyoutaisakuka/741015kkf0920.pdf

251

○　厚生労働省（委託事業）

［留学生］

「外国人留学生採用サポート事業」
http://www.ryugakusei-support.com/index.html

○　法務省

［留学生］

「インターンシップをご希望のみなさまへ」 ※留学または特定活動（就職活動及び就職内定者）の在留資格をもって在留中の外国人を対象とする有償インターンシップ（28時間を超える場合）について
http://www.moj.go.jp/nyuukokukanri/kouhou/nyuukokukanri07_00109.html

○　内閣府

［支援・サービス］

「定住外国人施策ポータルサイト」
http://www8.cao.go.jp/teiju-portal/jpn/living/index.html

○　東京外国人雇用サービスセンター

［就業規則・労働条件通知書］

「労働条件通知書　ポルトガル語」
https://jsite.mhlw.go.jp/tokyo-foreigner/shiryou_ichiran/roudou_jouken_tsuchisho/noti-p1.html
「労働条件通知書　スペイン語」
https://jsite.mhlw.go.jp/tokyo-foreigner/shiryou_ichiran/roudou_jouken_tsuchisho/noti-s1.html

（各サイトは、平成30年8月17日最終閲覧。）

2　厚生労働省「モデル就業規則」日英対応早見表

　次頁以降の「モデル就業規則」日英対応早見表は、厚生労働省のウェブサイトに公開されている「モデル就業規則」日本語版[*1]をもとに、同英語版[*2]がどのように対応しているかを、わかりやすく表にしたものです。厚生労働省の「モデル就業規則」は、日本語版は平成30年１月に改正されていますが、英語版は平成25年３月に作成されたもので、条数や条文内容に差異があります。公開されている「モデル就業規則の改正概要（平成30年１月31日）」を踏まえ、条文そのものに差異がある箇所については注記を付していますので、参考にしてください。読者の皆様には、それぞれの事情を踏まえて必要箇所を参照していただき、自社の就業規則の内容確認や、英訳の参考のために、活用していただけたら幸いです。

　なお、厚生労働省の「モデル就業規則」では、適用対象からパートタイム労働者を除外していますので、注意してください（第２条第２項参照）。

[*1] 「モデル就業規則について」(https://www.mhlw.go.jp/stf/seisakunitsuite/bunya/koyou_roudou/roudoukijun/zigyonushi/model/index.html，平成30年７月29日最終閲覧)。

[*2] 「The Model Rules of Employment」(https://www.mhlw.go.jp/file/06-Seisakujouhou-11200000-Roudoukijunkyoku/0000102523.pdf，平成30年７月29日最終閲覧)。

「モデル就業規則」日英対応早見表

日本語版		英語版	
第1章 総則		**Chapter 1**	**General Provisions**
第1条	目的	Article 1	Purposes
第2条	適用範囲	Article 2	Scope of Application
第3条	規則の遵守	Article 3	Compliance with the rules
第2章 採用、異動等		**Chapter 2**	**Hiring and Transfers**
第4条	採用手続	Article 4	Procedures for Hiring
第5条	採用時の提出書類	Article 5	Documents to be submitted at the time of hiring
第6条	試用期間	Article 6	Probationary Employment Period
第7条	労働条件の明示	Article 7	Clear Declaration of Terms and Conditions of Employment
第8条	人事異動	Article 8	Personnel Transfer
第9条	休職	Article 9	Leave of Absence
第3章 服務規律		**Chapter 3**	**Regulations in service**
第10条	服務	Article10	Regulations in service
第11条	遵守事項	Article11	Compliance Provisions

📖 ポイント　英語版では第6号として"Employees must not engage in work for other companies without permission."（許可なく他の会社の業務に従事しないこと。）が挙げられていますが、日本語版では削除され、後の号数が繰り上げられました。副業・兼業に関する規定（第67条）が新設されたことによるものと思われます。

第12条	職場のパワーハラスメントの禁止	Article13	Prohibition of Power Harassment in Workplace
第13条	セクシュアルハラスメントの禁止	Article12	Prohibition of Sexual Harassment

📖 ポイント　日本語版では第12条と第13条が入れ替えられました。追加された第14条との内容の関連によるものと思われます。

第14条	妊娠・出産・育児休業・介護休業等に関するハラスメントの禁止		

📖 ポイント　日本語版では条文が新設されました。「平成29年1月1日施行の男女雇用機会均等法第11条の2及び育児・介護休業法第25条において、職場における妊娠・出産・育児休業・介護休業などに関するハラスメントを防止するため、必要な体制の整備その他の雇用管理上必要な措置を講じなければならない事が明記されたため。」（モデル就業規則の改正概要）

巻末資料

	日本語版	英語版	
第15条	その他あらゆるハラスメントの禁止		

> 🖐 **ポイント** 日本語版では条文が新設されました。「パワーハラスメントやセクシュアルハラスメント、妊娠・出産・育児休業・介護休業等に関するハラスメントのほか、性的指向・性自認に関する言動によるものなど職場におけるあらゆるハラスメントが起こらないようにすることが重要なため。」（モデル就業規則の改正概要）

	日本語版	英語版	
第16条	個人情報保護	Article14	Protection of Personal Information
第17条	始業及び終業時刻の記録	Article15	Recording the start and end times of work
第18条	遅刻、早退、欠勤等	Article16	Late Arrival, Leaving Early and Absence

（注）　英語版第２項の"Article 39"は"Article 41"の誤植と思われます。

第4章	労働時間、休憩及び休日	Chapter4	Working hours, Rest Periods and Days Off
第19条	労働時間及び休憩時間	Article17	Working Hours and Rest Periods
第20条	休日	Article18	Days Off
第21条	時間外及び休日労働等	Article19	Overtime and Working on Days Off
第5章	**休暇等**	**Chapter5**	**Leaves**
第22条	年次有給休暇	Article20	Annual Paid Leave
第23条	年次有給休暇の時間単位での付与	Article21	Granting Annual Paid Leave by the hour
第24条	産前産後の休業	Article22	Maternity Leave
第25条	母性健康管理の措置	Article23	Measures to maintain mothers' health
第26条	育児時間及び生理休暇	Article24	Hours for Child Care and Menstrual Leave
第27条	育児・介護休業、子の看護休暇等	Article25	Care Leave for Children and Other Family Members
第28条	慶弔休暇	Article26	Congratulatory and Condolence Leave
第29条	病気休暇	Article27	Sick Leave
第30条	裁判員等のための休暇	Article28	Leave for Jury Duty

255

日本語版		英語版	
第6章	賃金	Chapter6	Wages
第31条	賃金の構成	Article29	Components of Wages

👉 ポイント　英語版の文字の一部に表記の乱れがあります。正しくは次のとおりです。

```
                      ── Base Pay

                                   ── Family Allowance
                                   ── Commuting Allowance
Wage ──── Allowance ──── Executive Allowance
                                   ── Skills and Qualification Allowance
                                   ── Attendance Allowance

                                   ── Overtime Premium Pay
         ── Premium Pay ──── Day Off Premium Pay
                                   ── Late Night/Early Morning Premium Pay
```

日本語版		英語版	
第32条	基本給	Article30	Base Pay
第33条	家族手当	Article31	Family Allowance

👉 ポイント　英語版では第1号として"Spouse"（配偶者）が挙げられていますが、日本語版では削除され、後の号数が繰り上げられました。「平成29年3月28日に決定された……『働き方改革実行計画』において、多様な女性活躍の推進に関して『企業の配偶者手当に配偶者の収入制限があることも、就業調整の大きな要因の一つである』とされたため。」（モデル就業規則の改正概要）

日本語版		英語版	
第34条	通勤手当	Article32	Commuting Allowance
第35条	役付手当	Article33	Executive Allowance
第36条	技能・資格手当	Article34	Skills and Qualification Allowance
第37条	精勤手当	Article35	Attendance Allowance
第38条	割増賃金	Article36	Premium Pay
第39条	1年単位の変形労働時間制に関する賃金の精算	Article37	Calculation of Wages in the annual variable work schedule system

（注）　英語版の「1年単位の変形労働時間制」に関する参照条文、"Article 16 and 17"は"Article 17 and 18"の誤植と思われます。

日本語版		英語版	
第40条	代替休暇	Article38	Time Off in lieu of Overtime Pay
第41条	休暇等の賃金	Article39	Wages during Leaves
第42条	臨時休業の賃金	Article40	Wages during Involuntary Leave

	日本語版		英語版	
第43条	欠勤等の扱い	Article41	Policy for different types of Absences	
第44条	賃金の計算期間及び支払日	Article42	Pay Period and Payday	
第45条	賃金の支払と控除	Article43	Payment and Deductions of Wages	
第46条	賃金の非常時払い	Article44	Emergency Payment of Wages	
第47条	昇給	Article45	Wage Increase	
第48条	賞与	Article46	Bonus	
第7章	**定年、退職及び解雇**	**Chapter7**	**Fixed Retirement Age, Retirement and Dismissal**	
第49条	定年等	Article47	Fixed Retirement Age	
第50条	退職	Article48	Retirement	
第51条	解雇	Article49	Dismissal	

（注）　英語版第1項第6号の"Article 62"は"Article 61"の誤植と思われます。

第8章	**退職金**	**Chapter8**	**Severance Pay**	
第52条	退職金の支給	Article50	Terms for Severance Pay	

（注）　日本語版第1項の「第63条」は「第64条」の誤植と思われます。

第53条	退職金の額	Article51	The Amount of Severance Pay	

ポイント　第1項の表のうち、勤続年数のカテゴリー分けが日本語版と英語版で異なります。英語版では、カテゴリー間の勤続年数に重複がありますので、修正が必要と思われます。また、日本語版・英語版ともに、1年に満たない端数がある場合にどちらのカテゴリーに入るかを明確にしておくとよいでしょう。

第54条	退職金の支払方法及び支払時期	Article52	Method and Time of Payment for Severance Pay	
第9章	**安全衛生及び災害補償**	**Chapter9**	**Safety, Health and Accident Compensation**	
第55条	遵守事項	Article53	Compliance Provisions	
第56条	健康診断	Article54	Health Examinations	
第57条	ストレスチェック			

ポイント　日本語版では条文が新設されました。

	日本語版		英語版
第58条	健康管理上の個人情報の取扱い	Article55	Policy for Personal Information concerning Health Management

 日本語版では、ストレスチェックに関する規定（第57条）の新設に伴い、第3項〜第4項が追加されました。

	日本語版		英語版
第59条	安全衛生教育	Article56	Education on Safety and Health
第60条	災害補償	Article57	Accident Compensation
第10章	**職業訓練**	**Chapter10**	**Vocational Training**
第61条	教育訓練	Article58	Educational Training
第11章	**表彰及び制裁**	**Chapter11**	**Commendations and Sanctions**
第62条	表彰	Article59	Presentation of Commendations
第63条	懲戒の種類	Article60	Types of Disciplinary Actions
第64条	懲戒の事由	Article61	Grounds for Disciplinary Actions

 英語版に一部参照条文の誤植があるようですが、英語版で第1項第5号〜第7号、第2項第9号、第10号に挙げられているハラスメントに関する規定違反が、日本語版では第1項第5号と第2項第9号にまとめられ、後の号数が繰り上げられました。日本語版では新設された第14条と第15条の表記も追加されています。

第12章	**無期労働契約への転換**	**Chapter12**	**Switching to Indefinite Term Employment Contract**
第65条	無期労働契約への転換	Article62	Switching to Indefinite Term Employment Contract
第13章	**公益通報者保護**	**Chapter13**	**Protection of Whistleblowers**
第66条	公益通報者の保護	Article63	Protection of Whistleblowers
第14章	**副業・兼業**		
第67条	副業・兼業		

 日本語版では章・条文が新設されました。「平成29年3月28日に働き方改革実現会議において決定された『働き方改革実行計画』で、副業・兼業の普及促進のため、『副業・兼業の推進に向けたガイドラインや改訂版モデル就業規則の策定』を行うとされ、『柔軟な働き方に関する検討会』での検討を踏まえて規定を改正する記載が検討されたため。」（モデル就業規則の改正概要）

附　則		**Appendix**	
第1条	施行期日	Article 1	date of enforcement

◇ 裁判例　索引 ◇

裁判例		出典	頁
平成 2 年11月26日	最高裁第二小法廷判決	民集44巻 8 号1085頁	123
平成 3 年11月28日	最高裁第一小法廷判決	判夕774号73頁	115
平成 4 年 6 月23日	最高裁第三小法廷判決	判夕791号71頁	118
平成 5 年 6 月18日	大阪地裁判決	判夕844号183頁	135
平成 9 年 1 月28日	最高裁第三小法廷判決	民集51巻 1 号78頁	167
平成 9 年10月 1 日	東京地裁判決	判夕979号144頁	151,155
平成11年10月15日	東京地裁決定	労判770号34頁	142,146
平成13年 3 月15日	東京地裁判決	労判818号55頁	106
平成14年10月17日	最高裁第一小法廷判決	民集56巻 8 号1823頁	57
平成15年10月10日	最高裁第二小法廷判決	判夕1138号71頁	103
平成21年 3 月18日	津地裁四日市支部判決	労判983号27頁	229
平成22年 1 月29日	熊本地裁判決	判夕1323号166頁	137
平成22年 3 月25日	名古屋高裁判決	労判1003号 5 頁	229
平成22年 7 月29日	札幌地裁判決	判例集未登載	203
平成23年12月 6 日	東京地裁判決	労判1044号21頁	106
平成24年10月 5 日	東京地裁判決	労判1067号76頁	147
平成25年 2 月 7 日	名古屋地裁判決	労判1070号38頁	107
平成28年 2 月19日	最高裁第二小法廷判決	判夕1428号16頁	152
平成28年 6 月 1 日	東京地裁判決	LEX/DB25543184	143

◇ 参考文献 ◇

ACROSEEDグループ　佐野誠・岡島理人・秋山周二・西澤毅
『必要な知識と手続きがすべてわかる！　外国人雇用マニュアル』
すばる舎リンゲージ　2010年

外国人ローヤリングネットワーク　編
『外国人事件ビギナーズ』　現代人文社　2014年

川人博・平本紋子
『過労死・過労自殺労災認定マニュアル－Ｑ＆Ａでわかる補償と予防』　旬報社　2012年

児玉晃一・関聡介・難波満
『コンメンタール　出入国管理及び難民認定法　2012』　現代人文社　2012年

白石哲　編著
『裁判実務シリーズ1　労働関係訴訟の実務〔第2版〕』　商事法務　2018年

菅野和夫
『労働法　第11版補正版』　弘文堂　2017年

中西優一郎
『図解　トラブルを防ぐ！　外国人雇用の実務』　同文舘出版　2014年

西谷敏・野田進・和田肇　編
『新基本法コンメンタール　労働基準法・労働契約法』　日本評論社　2012年

水谷英夫
『労働者側＋使用者側　Ｑ＆Ａ　新リストラと労働法』　日本加除出版　2015年

民事法律扶助研究会
『民事法律扶助活用マニュアル［第2版］』　現代人文社　2017年

山口幸雄・三代川三千代・難波孝一　編
『労働事件審理ノート［第3版］』　判例タイムズ社　2011年

山脇康嗣
『技能実習法の実務』　日本加除出版　2017年

山脇康嗣
『〔新版〕詳説　入管法の実務－入管法令・内部審査基準・実務運用・裁判例－』
新日本法規出版　2017年

ロア・ユナイテッド法律事務所　編
『労災民事訴訟の実務』　ぎょうせい　2011年

[執筆者一覧]（五十音順／〈　〉内：対応可能外国語）

雨宮 奈穂子（あめみや なほこ）
　　弁護士　弁護士法人 東京パブリック法律事務所　外国人・国際部門　〈英語・フランス語〉

板倉 由実（いたくら ゆみ）
　　弁護士　弁護士法人 東京パブリック法律事務所　外国人・国際部門　〈英語〉

伊藤 崇（いとう たかし）
　　弁護士　弁護士法人 東京パブリック法律事務所　外国人・国際部門　〈英語〉

尾家 康介（おいえ こうすけ）
　　弁護士　広尾パーク法律事務所　〈英語・フランス語〉

梶田 潤（かじた じゅん）
　　弁護士　目黒国際法律事務所　〈英語〉

加藤 香佳子（かとう かよこ）
　　社会保険労務士・社会福祉士　WIN社会保険労務士事務所

上山 直也（かみやま なおや）
　　弁護士　弁護士法人 東京パブリック法律事務所

金 秀玄（きむ すひょん）
　　弁護士　広尾パーク法律事務所　〈英語・韓国語〉

澤田 稔（さわだ みのる）
　　弁護士　池袋総合法律事務所

芝池 俊輝（しばいけ としてる）
　　弁護士　ことのは総合法律事務所　〈英語〉

弘中 章（ひろなか あきら）
　　弁護士　弁護士法人 東京パブリック法律事務所

藤井 なつみ（ふじい なつみ）
　　弁護士　弁護士法人 東京パブリック法律事務所　外国人・国際部門　〈中国語〉

細田 健太郎（ほそだ けんたろう）
　　弁護士　かしわ総合法律事務所

山浦 誠治（やまうら せいじ）
　　弁護士　弁護士法人 東京パブリック法律事務所　外国人・国際部門　〈英語〉

［編著者紹介］

● 板倉　由実（いたくら　ゆみ）

弁護士法人 東京パブリック法律事務所 外国人・国際部門所属。津田塾大学学芸学部国際関係学科卒業後、民間企業勤務を経て、2005 年弁護士登録。2014－2015 年 UC Berkeley Law School 客員研究員（労働法・ジェンダー法）。現在、解雇・雇止め、未払残業代、雇用差別、職場のハラスメントなどの労働事件や離婚・相続などの家事事件に数多く携わる。特に、性暴力や性差別、セクシュアルマイノリティー、移民・外国籍の労働者の問題など少数者の権利に関心を寄せる。共著に『労働相談実践マニュアル Ver.7』（日本労働弁護団）、『会社で起きている事の 7 割は法律違反』（朝日新書）など。日本弁護士連合会 両性の平等に関する委員会、東京弁護士会 外国人の権利に関する委員会所属。英検 1 級。

● 弘中　章（ひろなか　あきら）

東京大学法学部第三類（政治コース）・同第一類（私法コース）卒業後、九州大学大学院法学府実務法学専攻修了。2008 年 12 月弁護士登録。森・濱田松本法律事務所、法テラス松本法律事務所を経て、2013 年 3 月より弁護士法人 東京パブリック法律事務所。2018 年 3 月、一橋大学大学院国際企業戦略研究科修士課程修了（労働法専攻／修士論文「『非正規公務労働』に関する法的考察～期限付公務員の更新打切りに対する法的規制を中心として～」）。これまで民事・刑事・家事など市民生活全般にわたる案件を取り扱う一方、労働法分野（民間・公共部門いずれも）に注力。東京弁護士会 労働法制特別委員会、日本労働法学会、東京過労死弁護団、外国人ローヤリングネットワーク（LNF）などに所属。

● 尾家　康介（おいえ　こうすけ）

一橋大学法学部（在学中に HEC Paris に交換留学）、一橋大学法科大学院を経て、2010 年 12 月弁護士登録。大木法律事務所（横浜市）にて東証一部上場企業を含む会社法務、一般民事事件、刑事事件など幅広い分野での経験を積む傍ら、子どもや外国人の権利擁護を中心とした公益活動に参加。2015 年 5 月、弁護士法人 東京パブリック法律事務所 外国人・国際部門に加入。多様な渉外事件の経験を経て、2017 年 6 月、広尾パーク法律事務所に参画。日本弁護士連合会 国際人権問題委員会幹事、関東弁護士会連合会 外国人の権利救済委員会 労働プロジェクトチーム座長など公益活動にも携わっている。共著に『少年事件ビギナーズ ver.2』（現代人文社）、『外国人技能実習生法的支援マニュアル』（明石書店）など。

現場で役立つ！ 外国人の雇用に関するトラブル予防Q&A

2018年 9 月30日　初版発行
2019年 2 月15日　初版 2 刷発行

編著者　　板倉 由実・弘中 章・尾家 康介
発行人　　藤澤 直明
発行所　　労働調査会

〒170-0004　東京都豊島区北大塚2-4-5
TEL　03-3915-6401
FAX　03-3918-8618
http://www.chosakai.co.jp/

ⒸYumi Itakura, Akira Hironaka, Kosuke Oie, 2018
ISBN978-4-86319-638-4 C2032

落丁・乱丁はお取り替えいたします。
本書の全部または一部を無断で複写複製することは、法律で認められた
場合を除き、著作権の侵害となります。